JUSTIÇA COMUNITÁRIA
Por uma Justiça da Emancipação

Gláucia Falsarella Foley

Prefácios
Joaquim Falcão
Cristiano Paixão

JUSTIÇA COMUNITÁRIA
Por uma Justiça da Emancipação

Belo Horizonte

2010

© 2010 Editora Fórum Ltda.

É proibida a reprodução total ou parcial desta obra, por qualquer meio eletrônico, inclusive por processos xerográficos, sem autorização expressa do Editor.

Conselho Editorial

Adilson Abreu Dallari	Floriano de Azevedo Marques Neto
André Ramos Tavares	Gustavo Justino de Oliveira
Carlos Ayres Britto	Jorge Ulisses Jacoby Fernandes
Carlos Mário da Silva Velloso	José Nilo de Castro
Carlos Pinto Coelho Motta	Juarez Freitas
Cármen Lúcia Antunes Rocha	Lúcia Valle Figueiredo (*in memoriam*)
Clovis Beznos	Luciano Ferraz
Cristiana Fortini	Lúcio Delfino
Diogo de Figueiredo Moreira Neto	Márcio Cammarosano
Egon Bockmann Moreira	Maria Sylvia Zanella Di Pietro
Emerson Gabardo	Oswaldo Othon de Pontes Saraiva Filho
Fabrício Motta	Paulo Modesto
Fernando Rossi	Romeu Felipe Bacellar Filho
Flávio Henrique Unes Pereira	Sérgio Guerra

Luís Cláudio Rodrigues Ferreira
Presidente e Editor

Coordenação editorial: Olga M. A. Sousa
Revisão: Adalberto Nunes Pereira Filho
Bibliotecária: Tatiana Augusta Duarte – CRB 2842 – 6ª Região
Projeto gráfico: Walter Santos
Formatação: Juliana Vaz
Capa: Derval Braga

Av. Afonso Pena, 2770 – 15º/16º andares – Funcionários – CEP 30130-007
Belo Horizonte – Minas Gerais – Tel.: (31) 2121.4900 / 2121.4949
www.editoraforum.com.br – editoraforum@editoraforum.com.br

F663j   Foley, Gláucia Falsarella

Justiça comunitária: por uma justiça da emancipação / Gláucia Falsarella Foley; prefácio de Joaquim Falcão, Cristiano Paixão. Belo Horizonte: Fórum, 2010.

200 p.
ISBN 978-85-7700-372-3

1. Mediação. 2. Mediação de conflitos. 3. Sociologia do direito. 4. Direito comunitário. I. Título. II. Falcão, Joaquim. III. Paixão, Cristiano.

CDD: 341.162
CDU: 341.62

Informação bibliográfica deste livro, conforme a NBR 6023:2002 da Associação Brasileira de Normas Técnicas (ABNT):

FOLEY, Gláucia Falsarella. *Justiça comunitária*: por uma justiça da emancipação. Belo Horizonte: Fórum, 2010. 200 p. ISBN 978-85-7700-372-3.

Dedicatória

Para Daniel e Conor Foley,
Com vocês, a nossa casa é cheia de sol.

Agradecimentos

Sou profundamente grata ao magistério e orientação do Prof. José Geraldo de Sousa Junior e ao Prof. Cristiano Paixão Araújo Pinto por sua dedicação, zelo e competência na preciosa coorientação desta dissertação.

Agradeço, também, ao Tribunal de Justiça do Distrito Federal e Territórios, que, desde o início, apostou no Programa Justiça Comunitária, proporcionando uma equipe multidisciplinar que, a despeito de tantas dificuldades, destina os seus melhores esforços para a permanente construção deste projeto.

Um especial agradecimento ao Prof. Todd Landman do Centro de Direitos Humanos da Universidade de Essex, por sua orientação e convite para a realização desta pesquisa.

Sou grata à oportunidade de ter realizado uma etapa importante dos meus estudos na Universidade de Wisconsin-Madison, na condição de *Visiting Scholar*, e pelo carinho com que fui recebida pela equipe do Instituto para Estudos Legais do Departamento de Direito.

Este livro contou com a valiosa contribuição do Prof. Boaventura de Sousa Santos, no momento exato em que minhas dúvidas pareciam não ter fim. Agradeço sua extraordinária competência e inquietante rebeldia.

Aos meus queridos pais Dau e Luiza, por todos os sacrifícios e pela amorosa indicação dos caminhos. Às minhas irmãs Maísa e Lucília, cujo sangue e alma estarão sempre talhados na minha trajetória.

Agradeço à Verinha, amiga de todas as horas, pela presença luminosa em minha vida.

Ao meu filho Daniel Foley que nasceu na mesma época em que esta obra foi revisada e publicada. Gerá-lo em meu ventre proporcionou-me a mais sagrada das inspirações.

Pelo incondicional apoio nos momentos mais difíceis, pela partilha dos bons momentos e pela interlocução permanente na formulação e revisão deste livro, agradeço, com todo o meu amor, a Conor Foley.

Aos Agentes Comunitários de Justiça e Cidadania do Distrito Federal, pela coragem de emprestar as suas histórias e o seu entusiasmo ao Programa Justiça Comunitária. Agradeço pelo que já foi e pelo que virá a ser, na certeza de que vocês são os verdadeiros protagonistas de toda essa história.

Sumário

Prefácios
Joaquim Falcão 13
Cristiano Paixão 15

Apresentação 17

Introdução 21

Capítulo 1
O Paradigma Moderno – Reconstrução Teórica 25
1.1   Elementos de afirmação do paradigma moderno 27
1.2   Assimetria nos pilares da Modernidade: aspectos da crise
       paradigmática 35

Capítulo 2
Ressonâncias da Crise do Paradigma Moderno –
Teorias da Justiça em Debate 43
2.1   O liberalismo de John Rawls (1921-2002) 45
2.2   O Comunitarismo de Michael Walzer (1935-) 47
2.3   A crítica da democracia radical 51
2.4   Universalismo versus relativismo. A hermenêutica diatópica ... 57
2.5   A teoria da pós-modernidade de oposição 60

Capítulo 3
A Realização da Justiça. Modelos de Resolução de
Conflitos 65
3.1   Desjudicialização e explosão de litigiosidade 66
3.2   Apresentação e classificação dos meios de resolução de conflitos .. 70
3.2.1 A jurisdição 73
3.2.2 A violência 76
3.2.3 A conciliação 78
3.2.4 A arbitragem 80
3.2.5 A mediação 80
3.3   O movimento ADR 82
3.3.1 Resgate histórico 83
3.3.2 Perspectivas críticas 89

CAPÍTULO 4
ELEMENTOS PARA A CONSTRUÇÃO DA JUSTIÇA
COMUNITÁRIA PARA A EMANCIPAÇÃO 95
4.1 Mediação Regulatória ou Emancipatória? 95
4.2 O *empoderamento* 102
4.3 Uma proposta transformadora: *empoderamento* e *reconhecimento* ... 106
4.4 O papel do mediador 110
4.5 O desequilíbrio de poder 113

CAPÍTULO 5
A JUSTIÇA COMUNITÁRIA PARA A EMANCIPAÇÃO 119
5.1 Um novo olhar sobre o conflito 119
5.2 O saber como solidariedade e a retórica dialógica 121
5.3 As redes e a reinvenção da comunidade 126
5.4 O Estado como novíssimo movimento social 130
5.5 A Justiça Comunitária para a Emancipação. Uma síntese parcial 132

CAPÍTULO 6
O PROGRAMA JUSTIÇA COMUNITÁRIA DO DISTRITO
FEDERAL 135
6.1 Histórico 135
6.2 O Programa Justiça Comunitária. Linhas gerais 137
6.3 O *locus*: a comunidade 139
6.3.1 O conceito de comunidade 140
6.3.2 Conhecendo o *locus*. A cartografia social 141
6.3.3 As redes sociais 143
6.4 Os atores sociais: Agentes Comunitários de Justiça e Cidadania .. 144
6.5 Os três pilares do Programa Justiça Comunitária 147
6.5.1 Educação para os direitos 147
6.5.2 Mediação comunitária 149
6.5.3 Animação de redes sociais 152
6.6 A equipe multidisciplinar 154
6.7 Os Núcleos Comunitários de Justiça e Cidadania 156
6.8 O Centro de Formação e Pesquisa em Justiça Comunitária 157
6.8.1 Pressupostos epistemológicos 158
6.8.2 Os encontros mensais 161
6.8.3 A programação curricular 162
6.8.3.1 Cidadania, Direito e Direitos Humanos 163
6.8.3.2 Os cursos e as oficinas de mediação 164
6.8.3.3 A capacitação para a animação de redes sociais 166
6.8.4 O corpo docente 166
6.8.5 A avaliação do processo de aprendizagem 167
6.8.6 Os recursos pedagógicos 168

6.9	As demandas do Programa Justiça Comunitária	170
6.9.1	As estatísticas	170
6.9.2	O perfil das demandas	174
6.9.3	Os conflitos criminais	174
6.9.3.1	Um caso a ser avaliado: o "muro da discórdia"	175
6.9.4	Ilustração de alguns casos concretos	181
6.9.4.1	O caso do aluguel entre famílias amigas	181
6.9.4.2	O caso do casamento	183
6.9.4.3	O caso da vaca	184
6.9.4.4	O caso das mães das crianças especiais	186

Considerações Finais 191

Referências 195

Prefácios

A Administração da Justiça é gênero, a administração judicial da justiça é espécie, ou seja, existe:
(a) um serviço oferecido diretamente pelo Estado, subdividido em:
(a.i) Administração Judicial da Justiça, isto é, oferecido pelo Poder Judiciário; e
(a.ii) Administração Administrativa da Justiça, isto é, oferecido pelo Poder Executivo, a justiça administrativa como exemplo;
(b) um serviço oferecido por terceiros, mas regulado pelo estado, como arbitragem, e proximamente conciliação e mediação (Projeto de Lei nº 4.287/98);
(c) um serviço oferecido pelo "mercado de resoluções de conflitos", não estatal, de múltiplas naturezas: comunitários, associativos, religiosos, por exemplo.

Se assim é, este livro defende uma tese maior. A conciliação deve ser um serviço público do Poder Judiciário, tão importante, e talvez mesmo até mais, do que a adjudicação. Sem a ele ser exclusivo. Que possa ser multiplicado e inspirador para o que acima denominamos de administração social da justiça. Tarefa não só do estado. De todos.

A democracia tem cada vez mais estimulado a participação popular na tomada de suas decisões. Para isso, conta com imaginação institucional e profissional e coragem cidadã.

A Justiça Comunitária é o resultado desses dois fatores. É imaginação institucional por pensar em alternativas viáveis para a prestação da justiça a toda população, de forma não só a satisfazer o interesse das partes, mas o de toda comunidade. Afinal, a paz social interessa a todos. Sem distinção. Justamente por isso, também não exclui a responsabilidade de juízes e suas lideranças na inovação de continuarem inovando cotidianamente, no que já chamamos de Reforma Silenciosa da Justiça. É também um ato de coragem ao concretizar a teoria. Foi com base na análise teórica, aqui realizada, que surgiu o Programa Justiça Comunitária, ganhador do II Prêmio Innovare, em 2005. Onde se passou da teoria à prática.

Neste livro, um dos caminhos a um Judiciário mais acessível à população e mais eficiente é desvendado. Não se verá aqui a construção de uma teoria baseada em um mundo ideal. Em um mundo no qual todos têm acesso aos direitos e bens considerados mínimos e essenciais. A discussão aqui ocorre com base no mundo real. Com os pés encharcados nos chãos do Brasil. O mundo das desigualdades. Materiais e imateriais. E do reconstruir o futuro aparentemente inevitável. Ter duas mãos e o sentimento do mundo, diria o mineiramente brasileiro Carlos Drummond.

O ponto de partida é o reconhecimento pelo Estado, ainda que de forma tácita, de não ser ele o único detentor da prestação da Justiça. Para que haja a Justiça é necessário que a própria sociedade se conscientize de seus deveres. E a paz social está entre eles.

Com essa mudança de foco, tem-se uma sociedade mais ativa, mais responsável, mais participativa. No final, uma sociedade com menos exclusão. Com mais cidadania.

E como isso foi possível? Primeiro, foi aceito o desafio de pensar por si próprio a respeito. De imaginar uma alternativa a uma prestação jurisdicional que não conseguia atingir a classe economicamente mais desfavorecida. Foi preciso conciliar a obtenção da confiança e interesse dessa classe com as limitações da gestão pública. Limitações essas que vão desde limites orçamentários, até treinamento e capacitação de pessoas capazes de levar o Programa à frente.

Segundo, foi preciso atenção, avaliação, para observar como o Programa ia se desenvolvendo, e comprometimento seja para corrigir os erros, seja para aprimorar o que vinha sendo feito. "Saber de experiência feito" diria Camões.

E por fim, foi preciso generosidade, e serenidade, uma das qualidades indispensáveis a um magistrado, para compartilhar com todos a estratégia conceitual e os percalços e práticas de toda essa experiência.

Por tudo isso, este livro não servirá ao leitor somente para obter informação. Ele é também uma fonte de inspiração. Inspiração para pensar, repensar, e até de olhos fechados recompensar um Brasil mais forte e mais cidadão.

Joaquim Falcão

Doutor em Educação pela University of Génève (1981). LLM pela Harvard Law School (1968). Graduado em Direito pela Pontifícia Universidade Católica do Rio de Janeiro (1966). Atualmente é Diretor da Escola de Direito do Rio de Janeiro da Fundação Getúlio Vargas – RJ. Foi Conselheiro do Conselho Nacional de Justiça de junho de 2005 a junho de 2009.

A obra de Glaucia Falsarella Foley representa uma importante contribuição ao campo da sociologia do direito e dos estudos sobre o acesso à justiça. Ela propõe uma análise — sofisticada e madura — das possibilidades que se abrem a partir da adoção de um modelo emancipatório de solução de conflitos. O momento em que o livro é lançado não poderia ser mais propício. Após 22 anos de vigência da atual Constituição, podemos extrair algumas conclusões acerca do acesso à justiça: 1. o Poder Judiciário continua a ser, para a maior parte da população, uma instituição distante e formalista; 2. a fruição dos direitos fundamentais previstos no texto constitucional encontra uma série de barreiras, entre elas a dificuldade, pelo Judiciário e demais órgãos a ele associados, de compreender a dimensão cidadã e inclusiva de muitas das demandas trazidas à cognição judicial.

Vários fatores históricos se entreteceram para que esse estado de coisas viesse a se manifestar. O primeiro deles, menos perceptível à primeira vista mas com profundas consequências, é a estruturação dos cursos jurídicos brasileiros, ainda muito presos a uma visão arcaica de culto à letra do texto, memorização de dispositivos legais e ausência de perspectiva interdisciplinar. Outro fator consiste na tradição bacharelesca brasileira, fortemente arraigada nas corporações do direito e em boa parte do imaginário social, que ainda percebe o Judiciário como uma organização fortemente piramidal, hierarquizada e dotada de ritos e gestos próprios, que tendem sempre ao afastamento da população. Por fim, deve ser mencionado o elemento produtivista recentemente incorporado às práticas administrativas dos tribunais. Ainda que a melhor gestão do Judiciário fosse uma demanda antiga e justificada, o fato é que a lógica do "planejamento estratégico" parece haver subvertido a sua louvável proposta original e ter-se transformado num fim em si mesmo, com técnicas de gestão e marketing similares às adotadas nas empresas privadas, sem que se observe uma repercussão efetiva do uso desses instrumentos na qualidade da jurisdição efetivamente prestada.

Num quadro tão complexo, em que não há lugar para soluções prontas, surgem alternativas possíveis, interessantes, inesperadas. Uma delas é a reflexão em torno da justiça comunitária, na forma em que apresentada e desenvolvida por Gláucia Foley. A abordagem da autora não parte do pressuposto — simplista e redutor — de formulação de uma modalidade de resolução de conflitos que sirva tão somente para diminuir o número de processos submetidos ao Poder Judiciário. O livro, em sua principal tese, contém bem mais do que isso.

A obra aponta para uma justiça da emancipação, que permita a afirmação de direitos e demandas por inclusão numa sociedade complexa e multifacetária. E essa indicação não se encontra apenas no texto de um bem-sucedido trabalho acadêmico. Como o último capítulo do livro revela, o Justiça Comunitária já é uma realidade concreta, uma experiência em andamento, um projeto com uma expressiva história já escrita por meio de suas práticas.

A obra chega, então, no momento exato. No momento de demonstrar que, se são muitas as concepções e formas da justiça, são igualmente plurais os meios de acesso à jurisdição. Essas modalidades de acesso se traduzem num direito experimentado em sua acepção mais ampla, libertária, emancipatória, tudo isso compreendido no paradigma do Estado Democrático de Direito.

Brasília, setembro de 2010.

Cristiano Paixão
Professor da Faculdade de Direito da UnB.

Apresentação

O presente livro se desenvolve sob o enfoque da obra de Boaventura de Sousa Santos, com especial inserção na sua *teoria da pós-modernidade de oposição*.

De acordo com esta matriz, os ideais éticos da Modernidade, sob o pilar da emancipação, foram submetidos às necessidades do modo de produção capitalista, pautado na regulação do mercado e na ordem social. Nesta ruptura paradigmática, a emancipação foi absorvida pela regulação, e a tensão dialética entre ambas entrou em crise. Embora a centralidade do mercado tenha provocado uma retração da regulação estatal, é possível, na análise de Sousa Santos, um novo equilíbrio entre regulação e emancipação, que penda a favor desta última. Isto requer que se busque soluções fora dos limites da Modernidade, a partir da reinvenção da comunidade e do direito.

Ao lado da *teoria da pós-modernidade de oposição*, ganha especial atenção neste livro a *hermenêutica diatópica* concebida por Sousa Santos, no campo dos Direitos Humanos. Ambas as formulações são desenvolvidas a partir de uma *teoria da tradução* que oferece uma síntese capaz de lidar com o pluralismo das sociedades contemporâneas de uma forma dialógica, a partir da construção da ética da alteridade.

Inserida no campo da sociologia do direito, a *teoria da pós-modernidade de oposição* busca caminhos para a reinvenção do direito. Para tanto, Sousa Santos estabelece duas condições essenciais: 1. o reconhecimento da pluralidade de ordens jurídicas e a novíssima retórica como alternativas ao positivismo jurídico e 2. a repolitização do direito com a perspectiva de lhe restituir a energia emancipatória, por meio da substituição da rígida separação Estado/sociedade civil por outro critério analítico que inclua outras formas de sociabilidade.

E, aqui, a opção da matriz teórica se justifica em razão de o tema escolhido tratar da justiça comunitária como um meio de realização da justiça que reconhece e valoriza a multiplicidade de ordens jurídicas e, ainda, como uma atividade que se utiliza da novíssima retórica para atuar em várias das esferas sociais apontadas por

Sousa Santos como cenários possíveis de reinvenção do direito, em especial, o espaço doméstico, a comunidade e o espaço da cidadania. Sob uma cadeia circular entre conflito, diálogo, solidariedade, autonomia política, solidariedade e Estado, novas práticas sociais emergem capazes de criar um direito de tipo novo.

É sob esta perspectiva teórica que este livro pretende desenvolver não um modelo, mas caminhos possíveis para delinear os traços de uma justiça comunitária para a emancipação.

Surge, então, um conjunto de questões, sendo que, o primeiro está ligado ao desenvolvimento dos dois primeiros capítulos: quais são os reflexos da crise da Modernidade no âmbito da justiça? Qual a concepção de direito compatível com a heterogeneidade das democracias contemporâneas? Quais são os paradigmas que podem emergir em um cenário de realidade fragmentada, múltipla e que sejam capazes de substituir os padrões de universalidade, verticalidade e linearidade modernos? Tais questões são enfrentadas e solucionadas com a adoção da *teoria da pós-modernidade de oposição* como referencial teórico da presente obra.

Em seguida, as questões que emergem são extraídas do debate acerca dos inúmeros modelos de realização da justiça possíveis. Quais destes modelos demonstram maior capacidade de contribuir para a reinvenção do direito veiculada na *teoria da pós-modernidade de oposição*? E, ainda, os métodos de resolução de disputas, sob o movimento denominado ADR (*Alternative Dispute Resolution* ou RDA – Resolução Alternativa de Disputas), constituem uma alternativa emancipatória ao sistema jurisdicional?

Enfrentadas aquelas questões, os traços da justiça comunitária para a emancipação vão sendo esboçados sob novos questionamentos. Nesta fase nuclear desta obra, há que se discutir quais os protagonistas, os instrumentos e os possíveis cenários com os quais a justiça comunitária emancipatória pode ser construída.

Por fim, uma experiência ilustrativa será apresentada com o objetivo de provocar a seguinte indagação: é possível iniciar um caminho concreto para fundar novas práticas sociais que reinventem a comunidade e o direito?

O livro compreende seis capítulos e seguirá o percurso descrito a seguir.

O capítulo 1 trata da análise dos fundamentos da Modernidade e dos sinais de sua crise. Ver-se-á que o momento atual, no qual o universalismo moderno parece ter se desintegrado em múltiplas realidades, requer novas concepções do direito capazes de responder aos problemas modernos por meio de caminhos a serem trilhados fora dos limites da Modernidade.

O capítulo seguinte destina-se a investigar as implicações da crise da Modernidade no âmbito da justiça. Primeiramente, apresentar-se-á uma breve análise de duas vertentes contemporâneas das teorias da justiça — liberal e comunitária — no intuito de demonstrar diferentes respostas à fragmentação da sociedade contemporânea. Posteriormente, a crítica da democracia radical a ambas as abordagens possibilita aprofundar a análise da dicotomia entre as vertentes liberal e comunitária e, posteriormente, inseri-la no âmbito dos Direitos Humanos. Por fim, alguns elementos da *teoria da pós-modernidade de oposição* são oferecidos, a fim de revelar alguns sinais de uma nova — e possível — constelação paradigmática que possa servir de fundamento para compor os traços da justiça comunitária para a emancipação.

O capítulo 3 está direcionado à exposição dos modelos de realização da justiça cuja classificação se assenta nas variáveis estatal/não estatal e regulatório/emancipatório. O critério utilizado obedecerá à articulação entre três componentes estruturais do direito, segundo Sousa Santos: a coerção, a burocracia e a retórica. Assim, onde há prevalência da retórica dialógica, há o exercício do direito emancipatório. As práticas que privilegiam a coerção e a burocracia serão identificadas como manifestações do direito regulatório. Sob esta classificação, identificamos basicamente quatro formas de realização da justiça: estatal regulatória; estatal emancipatória; não estatal regulatória e não estatal emancipatória.

Uma vez estabelecida a estrutura na qual será desenvolvido o capítulo, serão analisados os modelos de realização da justiça e os debates acerca dos métodos alternativos de resolução de conflitos. Para a compreensão da emergência do movimento denominado ADR (*Alternative Dispute Resolution* ou RDA – Resolução Alternativa de Disputas), o capítulo apresenta seu contexto histórico e suas perspectivas críticas.

O capítulo 4 veicula o posicionamento diante de alguns temas controvertidos que definirão a abordagem ideológica da mediação de conflitos a ser adotada neste livro. São eles: os principais critérios de diferenciação entre a mediação do tipo regulatória e emancipatória; a necessária relação da mediação com o conceito de *empoderamento* e *reconhecimento*; a função do mediador no processo de emancipação e, por fim, o uso da mediação em situações em que há desequilíbrio de poder entre os participantes do conflito.

Em seguida, o capítulo 5 reúne os elementos da justiça comunitária para a emancipação, sob uma síntese que se mostrou possível, após a análise dos debates contidos no capítulo anterior. Nesta oportunidade, os pressupostos da *teoria da pós-modernidade de oposição* se fundem aos elementos da justiça comunitária analisados e revelam os contornos de uma proposta emancipatória.

Ao final, o Programa Justiça Comunitária do Distrito Federal será apresentado no capítulo 6, a fim de ilustrar a presente obra. A experiência concreta revela que a adoção e valorização de práticas sociais na prevenção e na resolução de conflitos colaboram para a promoção de diálogos entre justiça e valores comunitários, entre Estado e bases sociais. Este processo pode ser o início de um caminho para a fundação de novas práticas emancipatórias na justiça.

Introdução

A presente obra tem por objeto o estudo da Justiça Comunitária sob a perspectiva da *teoria da pós-modernidade de oposição*.

O argumento central deste livro é que, sob a emergência de novos paradigmas que desafiam os padrões da Modernidade, outros meios de realização da justiça podem ser gestados sob a articulação de um projeto emancipatório de reinvenção do direito.

A justiça realizada por meio da jurisdição obedece a padrões da Modernidade ocidental, que é desenvolvida sob uma tensão dinâmica entre regulação e emancipação. A partir da crise instaurada com a absorção do pilar emancipatório pelo regulatório, os paradigmas da Modernidade entraram em colapso, revelando a face fragmentada e múltipla da sociedade contemporânea.

A busca de respostas a esta crise enseja o surgimento de inúmeras teorias, as quais, no âmbito da justiça, procuram oferecer elementos que integrem uma concepção de sociedade justa e democrática, por meio da articulação entre direito, ética e justiça.

Entre estas teorias, ganha especial relevo, neste livro, a *teoria da pós-modernidade de oposição*, formulada por Boaventura de Sousa Santos. A opção por esta matriz teórica se justifica por sua inserção nos paradigmas emergentes de reinvenção do direito e por contribuir para a reflexão de novas formas de realização da justiça — em especial, a mediação comunitária — capazes de integrar um projeto emancipatório.

A realização da justiça por meio da jurisdição estatal é um modelo que segue os padrões da Modernidade ocidental, posto que estruturada a partir de princípios universais pautados em imperativos legais. Trata-se de um tipo de justiça que codifica procedimentos e aplica a norma ao caso concreto, com base em deduções racionais advindas da autoridade da lei ou dos precedentes. Em situações de conflito, o Estado substitui a vontade dos cidadãos, a fim de dizer o direito e de garantir a paz social. Sob este padrão, o Estado detém o monopólio do exercício da atividade jurisdicional.

Isto não significa afirmar, contudo, que o Estado detenha o monopólio da criação do direito. Há uma parcela da sociedade que, excluída do atendimento jurisdicional, busca fórmulas próprias de resolução dos conflitos, criando alternativas para manter um mínimo de coesão social. Esta pluralidade de ordens jurídicas, apesar de ser uma realidade, em geral, não é reconhecida oficialmente pelo Estado. Contudo, a partir do final da década de 70, sobretudo nos EUA, assistimos à emergência de um movimento de resgate dos métodos alternativos de resolução de disputas como um instrumento de realização da justiça.

Este fenômeno tem sido analisado sob diferentes perspectivas. O debate se divide entre os opositores à flexibilização do pretenso monopólio estatal na realização da justiça e aqueles que acreditam que os métodos alternativos de resolução de disputas revelam sinais de uma justiça do futuro.

Os críticos, apesar de algumas divergências de linhas de pensamento, questionam: seria este movimento parte de um processo de privatização das funções consideradas eminentemente estatais? Estaria o Estado outorgando suas atribuições jurisdicionais aos cidadãos, deixando-lhe escapar a autoridade de arbitrar conflitos e equilibrar desigualdades para promover a paz social? Não seria esta uma forma de reservar a justiça oficial aos socialmente incluídos e destinar uma justiça de "segunda classe" aos excluídos?

De outro lado, entre os entusiastas, há desde os que veem este movimento como uma alternativa eficaz à morosidade e à inacessibilidade do processo judicial oficial, até os que o consideram um instrumento de resgate do estatuto do cidadão e da comunidade, a fim de restaurar a sua capacidade emancipatória, por meio da autorregulação.

Um dos institutos de resolução alternativa de conflitos que vem sendo intensamente debatido ao longo destes anos é a mediação, que pode ser definida como um processo no qual uma terceira parte desinteressada e sem qualquer poder de decisão auxilia as partes em conflito a construir uma solução. Em contraste com o sistema jurisdicional, a lógica da mediação oferece, potencialmente, um padrão dialógico, horizontal e participativo.

Quando comunitária, a mediação pode se inserir na teoria política, na medida em que trata de autodeterminação, de participação nas decisões políticas, reelaborando o papel do conflito e desenhando um futuro sob novos paradigmas. É nesta perspectiva que a presente obra será desenvolvida, sem olvidar, contudo, a análise crítica dos demais enfoques.

Daí ser oportuno investigar, no campo da sociologia do direito, a pertinência do debate sobre a mediação comunitária como um instrumento de realização da justiça e a possibilidade de este instituto vir a integrar um projeto de justiça comunitária para a emancipação que reinvente o direito, articulando-o sob uma nova relação entre ética, democracia e justiça.

Capítulo 1

O Paradigma Moderno – Reconstrução Teórica[1]

Sumário: 1.1 Elementos de afirmação do paradigma moderno – **1.2** Assimetria nos pilares da Modernidade: aspectos da crise paradigmática

Conforme Sousa Santos, o paradigma da Modernidade tem assento em dois pilares, regulatório e emancipatório, cada qual constituído por três princípios e racionalidades, respectivamente. O pilar da regulação é integrado pelos princípios do Estado, que rege a obrigação política vertical entre Estado e cidadão; do mercado, consistente na obrigação horizontal individualista e antagônica entre os seus agentes; e o da comunidade, constituída na relação horizontal solidária entre as associações comunitárias e seus membros. No pilar da emancipação, constatam-se três racionalidades: a moral-prática da ética e do direito; a cognitivo-instrumental da ciência e tecnologia e a estético-expressiva das artes.

O equilíbrio entre estes dois pilares integrou o projeto ambicioso da Modernidade, sob uma "harmonização de valores

---

[1] Nesta obra, será adotada a concepção de paradigma como a representação de uma matriz de pensamento hegemônico, passível de rupturas, no decorrer da História. Para aprofundamento do conceito, destaco o texto de Carvalho Netto, segundo a qual "o conceito de paradigma, como já tivemos ocasião de afirmar, vem da filosofia da ciência de Thomas Kuhn (KUHN, T. S. *A estrutura das revoluções científicas*. São Paulo: Editora Perspectiva, 1994, sobretudo da p. 218-232). Tal noção apresenta um duplo aspecto. Por um lado, possibilita explicar o desenvolvimento científico como um processo que se verifica mediante rupturas, através da tematização e explicitação de aspectos centrais dos grandes esquemas gerais de pré-compreensões e visões-de-mundo, consubstanciados no pano-de-fundo naturalizado de silêncio assentado na gramática das práticas sociais, que a um só tempo tornam possível a linguagem, a comunicação, e limitam ou condicionam o nosso agir e a nossa percepção de nós mesmos e do mundo. Por outro, também padece de óbvias simplificações, que só são válidas na medida em que permitem que se apresentem essas grades seletivas gerais pressupostas nas visões de mundo prevalentes e tendencialmente hegemônicas em determinadas sociedades por certos períodos de tempo e em contextos determinados" (CARVALHO NETTO. A hermenêutica constitucional sob o paradigma do Estado democrático de direito, p. 236-237).

sociais potencialmente incompatíveis, tais como justiça e autonomia, solidariedade e identidade, igualdade e liberdade",[2] que marcam as contradições inerentes à Modernidade.

O déficit e os excessos, próprios da vocação maximalista dos princípios e racionalidades constituídos em cada pilar, foram resolvidos por meio de uma melhor utilização dos crescentes recursos intelectuais e institucionais gestados na Modernidade. Assim, a descoberta de novas técnicas científicas como um instrumento de condução à plenitude humana hegemonizou os critérios de eficiência e as racionalidades do pilar emancipatório foram colonizadas pela lógica da ciência.

Esta cientificização provocou a despolitização de duas esferas: a da vida social regida pelo princípio da comunidade e a do direito que até então integrava as racionalidades do pilar emancipatório. Este processo proporcionou um déficit em dois pilares da Modernidade: na regulação, a maximização e centralidade do Estado e do mercado implicaram retração do princípio da comunidade; e, no pilar da emancipação, as racionalidades moral-prática do direito e estético-expressiva das artes foram substituídas pela cognitivo-instrumental da ciência.

O duplo déficit verificado levou à absorção da emancipação pela regulação, rompendo a tensão antes dinâmica e equilibrada entre ambos os pilares. O processo de cientificização, que culminou com o colapso da emancipação na regulação, marca, para Sousa Santos, o início da crise dos paradigmas da Modernidade ocidental. A compreensão desta transição paradigmática, contudo, requer a análise do contexto no qual os pressupostos modernos emergiram.

A Modernidade ocidental é resultado da articulação dos movimentos denominados Renascimento, Reforma protestante e Revolução Científica, ocorridos entre os séculos XV e XVII, cujos fundamentos desafiaram a tradição religiosa medieval e fundaram um ser humano autônomo, racional e universal.

O desenvolvimento da ciência impulsionou a busca de uma verdade compreendida por meio da razão e observação do mundo empírico. O determinismo mecanicista fundado na Revolução Científica ofereceu uma razão instrumental que, convertida no

---

[2] Ao invés de criarem compromissos recíprocos, os pilares desenvolveram uma vocação maximalista em seu próprio eixo: no regulatório, a maximização do Estado, do mercado ou da comunidade; e no emancipatório, a esteticização, a cientificização ou a juridicização da *praxis* social (SOUSA SANTOS. *A crítica da razão indolente*: contra o desperdício da experiência, p. 50-51).

plano social, político e jurídico, deu segurança aos interesses de uma burguesia em ascensão. As estruturas sociais fundadas no poder monárquico absolutista, na aristocracia e no poder do clero foram lentamente sendo substituídas por novas formas de sociabilidade, até culminar na consolidação dos direitos individuais, do contrato social e do Estado Moderno.

Neste tópico serão desenvolvidos os elementos que configuraram este cenário moderno, a fim de que a tensão e a colonização ocorrida entre os pilares a que se refere Sousa Santos sejam melhor compreendidas.

1.1 Elementos de afirmação do paradigma moderno

A emergência dos fundamentos da Modernidade não foi um processo linear, tampouco livre de contradições. Os primeiros sinais desta nova visão de mundo emergiram, ainda, no seio da era medieval.[3] As profundas mudanças que a civilização medieval sofreu com o declínio da sociedade feudal, entre os séculos XII e XIII, convergiram em uma série de fatores que se articularam de forma dinâmica: o crescimento da população e das cidades europeias; a revitalização do comércio; o agrupamento dos artesãos por meio de corporações; a ascensão dos Estados nacionais; o surgimento das primeiras Universidades e "a mudança fundamental na doutrina cristã trazida pela obra de São Tomás de Aquino, que reabilita o pensamento aristotélico e concilia os mundos (antes separados) da fé e da razão".[4]

O crescente interesse do Ocidente pelos clássicos, proporcionado pelo contato com as civilizações bizantina e islâmica, fez nascer, no ventre da Igreja Católica medieval, um movimento intelectual de negação da visão de mundo elaborada por Agostinho

---

[3] Conforme Hilário Franco Júnior, há uma resistência em se admitir que as estruturas modernas são, no fundamental, medievais. Para o autor, deve ser revista a leitura histórica pela qual a transição entre Idade Média e Idade Moderna foi marcada por uma ruptura: "Os quatro movimentos que se convencionou considerar inauguradores da Modernidade — Renascimento, Protestantismo, Descobrimento, Centralização — são de fato medievais". Para o autor, individualismo, racionalismo, empirismo e humanismo são elementos que já se faziam presentes na cultura ocidental, desde o início do século XII: "Os Descobrimentos, por sua vez, também se assentavam em bases medievais nas técnicas náuticas (construção naval, bússola, astrolábio, mapas), na motivação (trigo, ouro, evangelização) e nas metas (Índias, Reino de Preste João). Também existiam antecedentes medievais nas viagens normandas ao Oriente e à América (esta comprovadamente atingida pelos noruegueses por volta do ano mil), italianas à China (Marco Polo, por exemplo) e ibéricas à África" (FRANCO JÚNIOR. *A Idade Média*: nascimento do Ocidente, p. 170-171).
[4] ARAUJO PINTO. Autonomia universitária e civilização: dimensões do debate atual, p. 28.

(354-430) com base em Platão⁵ (427-347 a.C.). Os dogmas religiosos, embora inabalados, passaram a ser objeto de análise permeada pelo racionalismo que a obra de Aristóteles (384-322 a.C.) inspirava. A investigação da relação entre fé e razão, própria da escolástica de Tomás de Aquino (1225-1274), buscava conciliar a razão aristotélica com a ética cristã, unindo natureza ao espírito.⁶ Foi nesta fase, pré-moderna, que surgiram as bases para a mudança de rumo no pensamento ocidental que triunfou com a Revolução Científica, o Renascimento e a Reforma.

Para Tomás de Aquino, a autonomia da vontade e o intelecto humano eram parte da criação divina. Desse modo, a razão humana podia existir na Fé: "Lutar pela liberdade humana e pela realização de valores especificamente humanos era promover a vontade divina. (...) Para ser conforme a vontade de Deus, o Homem teria de realizar plenamente sua humanidade".⁷ Assim como Aristóteles, Tomás de Aquino acreditava que o universal somente poderia ser atingido a partir da compreensão, pelos sentidos humanos, do particular. Esta dinâmica rompia rigidamente com a supremacia da fé sobre a razão presente na obra de Agostinho.

Apesar da resistência da Igreja Católica em relação à obra de Tomás de Aquino, suas ideias foram mais receptivas do que as do secularismo dos filósofos das Universidades recém-constituídas. Após a sua morte, sua obra foi reavaliada e Tomás de Aquino foi canonizado.⁸

No século XIV, inspirados pelo italiano Petrarca (1304-1374), — o qual buscava o renascimento do humanismo clássico com a poesia, a eloquência retórica e a persuasão estética — os estudiosos buscaram recuperar os clássicos por meio do estudo do grego. Platão, que permeara o pensamento cristão, por intermédio de Agostinho, foi então redescoberto. Na concepção neoplatônica, o homem era capaz de descobrir dentro de si a imagem da divindade infinita: "Os humanistas descobriram uma tradição espiritual não-cristã de profundidade ética e religiosa comparável à do próprio Cristianismo".⁹ Ao contrário da concepção linear da história, da tradição racional aristotélica resgatada por São Tomás de Aquino e

---

⁵ TARNAS. *A epopéia do pensamento ocidental*, p. 198.
⁶ BRONOWSKI; MAZLISCH. *A tradição intelectual do Ocidente*, p. 125.
⁷ TARNAS. *A epopéia do pensamento ocidental*, p. 204.
⁸ *Idem*, p. 215.
⁹ *Ibidem*, p. 236.

do empirismo dos escolásticos, os humanistas adotaram a concepção greco-romana de uma história cíclica e conceberam o ser humano como a manifestação do divino, o que solapou a dicotomia criador-criatura da tradição cristã.[10]

Emergia, pois, na cultura ocidental, uma harmonia entre razão e imaginação; natureza e espírito; Aristóteles e Platão.

O renascimento dos clássicos, por força do Humanismo, teve uma enorme expressão na arte, na religião, na ciência e na filosofia. Sob um novo ambiente cultural, o reflexo das precisões empíricas nas obras de arte contribuiu para outros avanços no campo da matemática.[11] A invenção de novas técnicas, tais como a pólvora, o relógio mecânico e a imprensa, impulsionou uma era de descobertas de novos continentes e de compreensão dos segredos da Natureza.

As artes, no Renascimento, atingiram novos níveis de complexidade e expressão, repletas de imagens de inspiração helênica e cristã. O corpo humano era celebrado em sua beleza, harmonia e proporção. A experiência do sagrado se revelava em uma numinosidade, que revestia os seres míticos e humanos, sob uma perfeição formal.[12]

No plano religioso, a Reforma Protestante de Lutero (1483-1546) representou um movimento paradoxal. Apesar de sua crítica aos secularistas e às bases helênicas do Renascimento, o Protestantismo foi um dos elementos integrantes desta transição para a Era Moderna. De um lado, a tentativa de restaurar a cristandade judaica baseada na Bíblia constituía uma reação ao helenismo pagão e à Igreja Católica que se interpunha entre Deus e o homem. De outro, a Reforma deu ênfase à liberdade individual, tão inerente ao movimento renascentista. Além disso, o Protestantismo revelou para a cultura moderna em ascensão a necessidade de se buscar a verdade na escritura sagrada sem as intermediações da tradição: "A Reforma abriu no Ocidente o caminho para o pluralismo religioso, depois para o ceticismo religioso e, por fim, a um completo rompimento na até então relativamente homogênea visão de mundo cristã".[13]

---

[10] *Ibidem*, p. 239-241.
[11] "O desenvolvimento de Da Vinci e sua exploração do olho empírico na apreensão do mundo exterior com a plena consciência e uma nova precisão estavam tanto a serviço da compreensão científica quanto da representação artística, metas que perseguia juntas em sua 'ciência da pintura'. Sua arte revelou uma misteriosa expressividade espiritual, acompanhada e alimentada por uma extrema precisão técnica de pintura. Foi uma singular característica de o Renascimento ter produzido o homem que pintou a *Última Ceia*, a *Virgem das Pedras* e também articulou em seus cadernos de anotações os três princípios fundamentais que dominariam o pensamento científico moderno: o Empirismo, a Matemática e a Mecânica" (*Ibidem*, p. 252).
[12] *Ibidem*, p. 252.
[13] *Ibidem*, p. 262.

A reação da Igreja Católica se instalou por meio do movimento de Contra-Reforma, que restaurou a Inquisição juntamente com as instituições educacionais jesuítas, contribuindo para a formação de uma nova elite católica. Com a fragmentação da matriz da cristandade e as consequentes guerras religiosas disputando concepções de verdades absolutas, um caos intelectual se instalou na Europa e, diante da necessidade de uma solução unificadora, a Revolução Científica teve seu início até triunfar na cultura ocidental.[14]

A Revolução Científica, como expressão final do Renascimento, teve início a partir do modelo heliocêntrico de Copérnico[15] (1473-1543); das leis dos movimentos elípticos dos planetas de Kepler (1571-1630); da compreensão mecânica do movimento dos corpos de Galileu (1564-1642),[16] da síntese newtoniana[17] e de todas estas contribuições que "matematizaram" a representação do mundo.[18] Estas inovações científicas, reunidas de forma coerente e inovadora, alteraram radicalmente a concepção de mundo.

Estas mudanças não foram livres de reações religiosas advindas tanto da Igreja Católica — com a condenação de Galileu e sua posterior retratação — quanto de Lutero, que considerava estas mudanças uma abominável tentativa de o homem desafiar a inteligência divina. Um dos problemas estava no seguinte impasse: se a Terra se movimenta, ela não é o centro fixo da criação divina, nem o alvo da salvação.

A Revolução Científica consolidou o secularismo — a separação entre ciência e religião —, ao colocar a natureza em posição

---

[14] *Ibidem*, p. 269.

[15] A teoria do modelo heliocêntrico, que nega o sistema geocêntrico estruturado por Aristóteles e Ptolomeu, foi elaborada por Copérnico e publicada em sua obra "Da Revolução de esferas celestes", no ano de sua morte. "Copérnico não só pôs a Terra em movimento contra todos os ensinamentos da física aristotélica, das Sagradas Escrituras e do senso comum, como o fez com base em fundamentos que a maioria dos contemporâneos teria julgado ilegítimos. Por mais contrário que o movimento da Terra possa parecer à filosofia natural, Copérnico insistiu, ele deve ser verdadeiro *porque a matemática o exige*. Isso foi revolucionário" (HENRY, John. *A revolução científica e as origens da ciência moderna*, p. 23).

[16] Galileu é considerado o "primeiro orientador da ciência prática e o pioneiro do método empírico" porque empregou e desenvolveu instrumentos que conferiram maior precisão à pesquisa, tais como: relógio mecânico, telescópio, microscópio e o termômetro (BRONOWSKI; MAZLISCH. *A tradição intelectual do Ocidente*, p. 134).

[17] A síntese newtoniana é uma expressão que revela que a obra de Isaac Newton (1642-1727) constituiu "a culminação do esforço científico do século dezessete, das suas diligências no sentido de experimentar e matematizar, da sua reação contra a tradição e da sua busca de novos e mais firmes fundamentos conceituais" (HALL. *A revolução na ciência 1500-1750*, p. 419). Para John Henry, a obra *Princípios matemáticos de filosofia natural* (1687) de Isaac Newton pode ser vista como o ponto culminante da matematização da representação do mundo (HENRY. *A revolução científica e as origens da ciência moderna*, p. 32).

[18] HENRY. *A revolução científica e as origens da ciência moderna*, p. 32.

exterior ao homem, compreensível em termos geométricos por meio da linguagem matemática.[19] No campo filosófico, esta mudança paradigmática encontra sua expressão no empirismo de Bacon (1561-1626) e no racionalismo de Descartes (1596-1650). Por meio do método empírico de Bacon, a descoberta dos fatos não é resultado do silogismo aristotélico, ou seja, da lógica dedutiva — pela qual se infere uma dedução a partir de premissas universais, racionais e verdadeiras — mas do raciocínio indutivo, proveniente da cuidadosa observação dos fatos da Natureza e da realização de experimentos.

Para Descartes, a redução da importância da revelação religiosa para a compreensão do mundo empírico provocou a busca de um meio de alcançar um conhecimento seguro, convertendo a dúvida em método. Seu ponto de partida foi duvidar do senso comum, dos argumentos de autoridade, do testemunho dos sentidos, das definições abstratas e da lógica dedutiva. A análise desapaixonada dos dados concretos, confrontada com uma argumentação indutiva, proporcionaria conclusões seguras. A grande contribuição do pensamento de Descartes para a ciência moderna está no racionalismo da derivação lógica dos efeitos a partir das causas e na introdução dos métodos estritos da dúvida e da matemática. Mas, ao se duvidar de tudo, o que permanece por trás da dúvida? Apenas o fato de duvidar. É a síntese do *cogito* cartesiano "Penso, logo existo".[20] "Descartes ajudou a emancipar o mundo material de sua demorada associação com a crença religiosa". Desta forma, "imunizou" a ciência dos dogmas teológicos.[21]

As reflexões de Descartes e Bacon deram início ao Iluminismo. Embora baseadas no ceticismo metodológico, ambas expressam a crença racionalista de que a ciência pode alcançar um conhecimento seguro, a partir das verdades extraídas de suas próprias invenções.

Sob um extremo ceticismo, um século e meio após, Hume (1711-1776) questionou a certeza objetiva da ciência empírica ao afirmar que o sujeito do conhecimento associa percepções colhidas dos sentidos e que tudo o que sabemos da experiência é que um evento segue o outro. Jamais podemos afirmar que um evento é

---

[19] BRONOWSKI; MAZLISCH. *A tradição intelectual do Ocidente*, p. 140.
[20] *Idem*, p. 242-243.
[21] TARNAS. *A epopéia do pensamento ocidental*, p. 303.

causa do outro porque não podemos experimentar este nexo de causalidade. Assim, é possível perceber a regularidade, mas não a inevitabilidade dos eventos. Se a certeza da ciência é subjetiva, eis que condicionada pela psicologia, para Hume, "todo conhecimento humano deveria ser considerado opinião".[22]

Kant (1724-1804) tenta resolver a dicotomia instaurada entre a ciência empírica e o ceticismo racionalista, afirmando que o homem conhece apenas um mundo permeado por seu conhecimento. Ao contrário do que afirmava Bacon, a observação do mundo não estava livre de interferências subjetivas, julgamentos conceituais. O ser humano conhece o mundo dos fenômenos, das aparências, e a realidade desse mundo depende da participação humana na sua construção. Para Kant, o mundo deveria, pois, ser compreendido a partir de uma organização mental absoluta, uma estrutura humana axiomática, que viesse a estabelecer uma ciência universal e garantir a verdade do conhecimento: "A verdadeira tarefa da Filosofia era investigar a estrutura formal da mente, pois somente ali ela encontraria a verdadeira origem e o fundamento para o conhecimento seguro do mundo".[23] Para Kant, a ação humana deveria ser guiada por um imperativo categórico de generalidade: "devemos agir de tal modo que a máxima de nossa ação possa sempre ser uma lei universal".[24]

Estes elementos kantianos — racionalidade humana e universalismo — são perceptíveis na obra dos teóricos políticos da Modernidade. Para a análise do pensamento moderno no plano da filosofia política, é necessário retomar o cenário renascentista, no qual a obra *O Príncipe*, de Maquiavel (1469-1527), funda os pilares do pensamento político moderno. A inovação está no fato de que Maquiavel não admite que um fator exterior — Deus, a razão ou mesmo a Natureza — preceda à política. O poder político é obra da própria sociedade para lidar com seus inerentes conflitos e contradições. Sua finalidade é, pois, a lógica da força e da lei que visa à manutenção do poder, e não a lógica da justiça social ou da ética: "No caso de Maquiavel, o que tinha que ser deixado de fora da consideração da política era a moralidade, ou 'aquilo que

---
[22] *Idem*, p. 365.
[23] *Ibidem*, p. 373.
[24] *Apud* CARVALHO NETTO. A hermenêutica constitucional sob o paradigma do Estado democrático de direito, p. 247.

deve ser'. A atenção tinha que ser firmemente fixada 'no que é'".[25] A legitimidade do poder estava na liberdade e não na tirania. O verdadeiro príncipe deveria ser flexível às circunstâncias. A lógica de Maquiavel é, nesse sentido, instrumental, voltada a uma eficácia prática, de utilidade social.

Mais de um século após a obra de Maquiavel, as primeiras revoluções burguesas tiveram início, e sob este cenário de profundas modificações políticas, os teóricos modernos buscavam responder às seguintes questões: como e por que os indivíduos formam a sociedade e se submetem ao poder político e às leis? "Como é possível uma obrigação política baseada na liberdade? A idéia do contrato social é a narrativa matricial com que o Iluminismo tenta responder a estas questões"[26] e os seus representantes são Hobbes (1588-1679), Locke (1632-1704) e Rousseau (1712-1778).

Para Hobbes, a passagem do Estado de Natureza — no qual os homens são dominados pelas paixões primitivas — para a sociedade civil ocorre por meio de um contrato social, por meio do qual os indivíduos renunciam à liberdade natural e à propriedade e aceitam transferir ao soberano o poder de criar e aplicar as leis.[27] Sendo a liberdade um direito natural, os indivíduos formam a vontade livre da sociedade e, voluntariamente, fundam o pacto social. O Estado deve governar de forma absoluta pelo poder que possui de impor as leis, garantir a propriedade privada e exigir obediência, desde que respeite os direitos naturais intransferíveis de vida e de paz.[28]

Na concepção de Rousseau, os indivíduos são livres no Estado de Natureza, até que o surgimento da propriedade privada dá origem ao Estado de Sociedade. O contrato social é uma associação que defende e protege cada associado, o qual, unindo-se aos demais, obedece a si mesmo e permanece tão livre quanto antes porque a aceitação da relação contratual não pode implicar renúncia total da liberdade: "o que o homem perde pelo contrato social é a liberdade natural e um direito ilimitado a tudo quanto deseja e pode alcançar; o que com ele ganha é a liberdade civil e a propriedade de tudo o que possui".[29] Daí que, ao contrário de Hobbes, Rousseau defende que

---

[25] BRONOWSKI; MAZLISCH. *A tradição intelectual do Ocidente*, p. 50.
[26] SOUSA SANTOS. *A crítica da razão indolente*: contra o desperdício da experiência, p. 130.
[27] BOBBIO. *Thomas Hobbes*, p. 41.
[28] Segundo Bobbio, no Leviatã, as referências de Hobbes à guerra civil como o pior de todos os males são constantes (*Idem*, p. 26).
[29] ROUSSEAU. *O contrato social*, p. 19.

o soberano é o povo, entendido como vontade geral e o governante é o representante da soberania popular: "A vontade geral não coincide com a vontade de todos. O que generaliza a vontade não é o número de vozes, mas o interesse comum que as une".[30] Para ambos, contudo, a propriedade privada não é um direito natural, mas civil, decorrente do contrato social.

Apesar da ascensão da burguesia, o regime político permanecera monárquico e a nobreza ainda gozava de prestígio político. Neste contexto é que Locke sustenta que a propriedade privada é um direito natural e que a principal tarefa do Estado — resultante do contrato social — é garanti-la. Para ele, o direito à vida, à liberdade e aos bens para a conservação de ambas são naturais e obtidos por meio do trabalho.[31] O direito fundado no trabalho e na propriedade constituiu um importante instrumento teórico para a consolidação da burguesia como classe emergente. O poder do soberano se justifica somente para garantir a propriedade, arbitrando, por meio da força, os conflitos da sociedade civil. O princípio é de que o Estado não deve interferir na vida econômica, na medida em que não a instituiu.

Com Locke, emergem os pressupostos do liberalismo que desencadeiam as revoluções burguesas. Na Inglaterra, a chamada Revolução Gloriosa de 1688; no continente norte-americano, a luta pela Independência de 1776; e na Europa continental, a Revolução Francesa de 1789. As teorias políticas liberais afirmam que o indivíduo é a origem e destinatário do poder político, nascido do contrato social voluntário, no qual os indivíduos transferem poderes, mas não a individualidade presente no direito à vida, à liberdade e à propriedade. Para Locke, o que legitima um governo é a constituição de uma sociedade política por meio do assentimento e da associação de homens livres e capazes.[32]

Assim, entre os séculos XVI e XVIII, as formulações teóricas erigidas em um contexto de laicização e de desenvolvimento científico veicularam princípios de direito natural secularizado que prescindem de explicações divinas: "não causar dano a ninguém;

---

[30] Apud SOUSA SANTOS. A crítica da razão indolente: contra o desperdício da experiência, p. 131.
[31] "Embora a terra e todas as criaturas inferiores sejam comuns a todos os homens, cada homem tem uma propriedade em sua própria pessoa; a esta ninguém tem qualquer direito senão ele mesmo. O trabalho de seu corpo e a obra de suas mãos, pode dizer-se, são propriamente dele. Seja o que for que ele retire do Estado que a natureza lhe forneceu e no qual o deixou, fica-lhe misturado ao próprio trabalho, juntando-se-lhe algo que lhe pertence, e, por isso mesmo, tornando-o propriedade dele" (LOCKE. Segundo tratado sobre o governo, p. 45).
[32] Idem, p. 72.

agir de acordo com uma ética universal (ou universalizável); dar a cada um o que é seu; respeitar os contratos e os compromissos".[33] A Modernidade inaugurou ideais que fundaram o Estado de Direito e, com ele, o nascimento da concepção de lei como um instituto geral e abstrato, formulado por um ato racional. O princípio da legalidade conferiu garantia à liberdade dos cidadãos, impedindo a retroatividade da lei quando este fenômeno implica restrição de direitos. Ao contrário da fragmentada era medieval na qual a *justitia* não se organizava sob um único padrão procedimental, a justiça da Modernidade, ao formalizar e padronizar os procedimentos sob a regulação estatal e um corpo legal, fundou a jurisdição.

A legitimidade extraída do pacto social se articula na relação entre Estado e direito. De um lado, o Estado deve garantir, por meio de políticas públicas, o exercício da liberdade e autonomia individuais. De outro, a regulação jurídica rege a esfera das obrigações que os cidadãos contraem perante o Estado, a fim de viabilizar a vida em sociedade.

A tensão dinâmica e equilibrada entre esta regulação e a emancipação do ideário moderno é que configurou, na análise de Sousa Santos, a base do projeto da Modernidade,[34] cuja crise se inicia com a sua redução à dimensão do modo de produção capitalista, a partir do século XIX, conforme será desenvolvido a seguir.

1.2 Assimetria nos pilares da Modernidade: aspectos da crise paradigmática

Como adverte Rouanet, não há nada de muito original em se afirmar que a Modernidade está em crise. O debate se intensifica, porém, a depender do caminho que se aponte para a superação desta crise. Entre o niilismo pós-moderno que propõe o abandono da tensão entre regulação e emancipação e o universalismo neokantiano de Rawls, há um campo de reflexão de colorações diversas. Para Rouanet,[35] a Modernidade oferece potencial para realizar suas promessas não cumpridas.

---

[33] ARAUJO PINTO. Arqueologia de uma distinção: o público e o privado na experiência histórica do direito, p. 10.
[34] SOUSA SANTOS. *A crítica da razão indolente*: contra o desperdício da experiência, p. 50.
[35] Em *Mal-estar na Modernidade*, Rouanet justifica o título de sua obra diante do ocaso de paradigmas. Para ele, vivemos o fim de um modelo civilizatório, o da Modernidade. A este mal-estar é preciso responder com uma Modernidade iluminista, caso contrário, incorreremos na barbárie, a qual já estamos a viver neste vácuo civilizatório (ROUANET. *Mal-estar na modernidade*).

Na leitura de Sousa Santos, vivemos em um período no qual nos deparamos com problemas modernos para os quais não há soluções modernas. A tensão entre regulação e emancipação há que ser reinventada, sob um equilíbrio dinâmico que possa pender em favor da emancipação, nos marcos da teoria da *pós-modernidade inquietante* ou *de oposição*, cujos elementos serão apresentados logo após a descrição dos traços desta crise.

As promessas da Modernidade foram cumpridas para poucos. O pacto social constituía um acordo entre aqueles que decidiram submeter-se a um poder superior cedendo parte da liberdade individual, a fim de que todos pudessem usufruir das potencialidades de uma vida plena. Na prática, contudo, o que se verificou para a grande maioria dos indivíduos, foi o pagamento do tributo do pacto, sem a fruição da contrapartida. Esse processo configurou uma perda do poder persuasivo do contrato social e a legitimidade, antes dele extraída, entrou também em colapso.

Essa crise é marcada, na análise de Sousa Santos,[36] por um déficit das expectativas em relação à experiência. As promessas da Modernidade mantiveram sua força enquanto as expectativas superavam a experiência. A esperança que sempre reveste o presente quando se lança um olhar sobre o futuro foi substituída pelo medo. Hoje, grande parte dos movimentos sociais se mobiliza pela manutenção de conquistas, na perspectiva de não perdê-las. Perdeu-se a saudade do futuro.

Nesse novo cenário — emergência de novos fundamentalismos; a guerra como a continuação da política por outros meios; a fome, a miséria e a violência expressando o lado mais evidente da exclusão social — não é difícil concluir que as promessas da Modernidade não foram efetivadas, em especial a de inclusão social de todos os seres humanos a uma vida digna.

A centralidade do indivíduo que marcava a Modernidade foi substituída pelo mercado. Como efeito deste deslocamento, iniciou-se, de um lado, uma busca desenfreada dos indivíduos para extrair o máximo de satisfação e prazer por meio do consumismo e da autonomia individualista, não havendo espaço para a alteridade. De outro, sobretudo em meio às vítimas da exclusão social, as marcas que prevalecem são as da despolitização, da apatia social, da

---

[36] SOUSA SANTOS. *A crítica da razão indolente*: contra o desperdício da experiência, p. 34.

resignação. Este é o cenário que favorece a emergência dos fascismos societais,[37] marcas da intolerância à diferença.

Para Rouanet,[38] há um hiperindividualismo que se manifesta num "egocentrismo radical, num frenesi de hedonismo, num delírio consumista, na busca exclusiva da própria vantagem, na apatia mais completa em relação às grandes questões de interesse comum".

Sousa Santos assevera que "a hegemonia transformou-se e passou a conviver com a alienação social, e em vez de assentar no consenso, passou a assentar na resignação".[39] Essa é a razão por ele denominada indolente.

No campo científico, a estabilidade dos paradigmas da Modernidade e as certezas estabelecidas pela ciência moderna foram abaladas, sobretudo após a teoria da Relatividade de Einstein e a formulação da mecânica quântica de Bohr e Heisenberg, na década de 20 do século XX. A teoria da relatividade de Einstein revolucionou nossas concepções de espaço e tempo. Não sendo possível estabelecer a simultaneidade de acontecimentos distantes, uma simultaneidade universal, o tempo e o espaço de Newton deixam de ser absolutos.[40]

A relativização do rigor das leis de Newton protagonizada por Einstein inspirou o surgimento da mecânica quântica, pela qual Heisenberg e Bohr afirmam não ser possível observar ou medir um objeto sem alterá-lo. A demonstração de que o sujeito interfere no objeto observado e "a idéia de que não conhecemos do real senão o que nele introduzimos, ou seja, que não conhecemos do real senão a nossa intervenção nele",[41] desafia a hipótese do determinismo mecanicista. A uma, porque a totalidade do real deixa de ser a soma das partes divididas para serem observadas. A duas, porque a distinção sujeito/objeto "perde os seus contornos dicotômicos e assume a forma de um *continuum*".[42]

O próprio Einstein reconhece a ruptura com a física clássica ao afirmar: "Todas as minhas tentativas de adaptar a base teórica da física a esse conhecimento falharam por completo. Foi como se

---

[37] O conceito de fascismo societal será abordado no tópico 3.2.2. do capítulo 3 deste livro.
[38] ROUANET. *Mal-estar na modernidade*, p. 22.
[39] SOUSA SANTOS. *A crítica da razão indolente*: contra o desperdício da experiência, p. 35.
[40] *Idem*, p. 69.
[41] *Ibidem*, p. 69.
[42] *Ibidem*, p. 69.

tirassem o chão sem nenhuma base firme à vista sobre a qual se pudesse construir qualquer coisa".[43]

Esta revolução quântico-relativista representou uma abertura para as novas possibilidades intelectuais que estão a emergir na atualidade. A consciência humana, com um papel valorizado no processo do conhecimento em interconexão com fenômenos, estimulou um pensamento holístico sobre o mundo.[44] Os últimos desenvolvimentos no campo da física e biologia — a título de exemplo, a teoria das estruturas dissipativas e da ordem pela flutuação de Prigogine; a teoria do Caos de Lorenz e Feigenbaum, a Hipótese de Gaia de Lovelock — têm causado uma "turbulência epistemológica", conforme afirma Sousa Santos.[45] No campo da biologia, a hegemonia da legalidade e causalidade vem sendo confrontada pela concepção de sistema, de estrutura, de processo.[46]

Ao recuperar conceitos aristotélicos de potencialidade e virtualidade, as investigações de Ilya Prigogine transformam as concepções herdadas da física clássica de maneira radical:

> Em vez de eternidade, temos a história; em vez de determinismo, a imprevisibilidade; em vez de mecanicismo, a interpenetração, a espontaneidade e a auto-organização; em vez de reversibilidade, a irreversibilidade e a evolução; em vez de ordem, a desordem; em vez da necessidade, a criatividade e o acidente.[47]

Esta crise dos paradigmas, na ciência moderna, revela os mesmos sinais de esgotamento de seus fundamentos no campo político, a partir do momento em que a emancipação foi absorvida pela regulação. Esta absorção será melhor compreendida após a exposição dos três períodos do capitalismo, identificados por Sousa Santos.[48]

Em sua primeira fase, o capitalismo liberal vai se consolidando durante todo o século XIX, quando o projeto da Modernidade passa a estar associado a este modo de produção dominante nos países centrais. A racionalidade moral-prática do direito foi substituída

---

[43] TARNAS. *A epopéia do pensamento ocidental*, p. 382.
[44] Idem, p. 383.
[45] SOUSA SANTOS. *A crítica da razão indolente*: contra o desperdício da experiência, p. 91.
[46] Sobre os paradigmas desta nova revolução científica confrontando as certezas iluministas, ver AGUIAR. *Os filhos da flecha do tempo*: pertinência e rupturas.
[47] SOUSA SANTOS. *A crítica da razão indolente*: contra o desperdício da experiência, p. 71.
[48] Idem, p. 139-164.

pela racionalidade cognitivo-instrumental da ciência. O direito laico, humanista, autônomo e ético, que serviu aos propósitos políticos da então classe emergente — a burguesia — foi substituído por um direito tecnicista, formal, supostamente imune à ética e codificado sob uma rígida estrutura. Os ideais éticos foram cedendo espaço às exigências regulatórias do Estado capitalista voltadas às necessidades do mercado e à manutenção da ordem social.

Neste contexto, o positivismo jurídico consagrou-se como uma ferramenta ideal para identificar como caos todos os movimentos que fossem contrários à ordem hegemônica, condenando-os à exclusão do sistema. A adoção da racionalidade científica da Modernidade no campo do direito pretendeu oferecer uma estabilidade e regularidade aos fenômenos sociais, assim observados na natureza. Um dos problemas desta migração da razão científico-instrumental para o campo jurídico é que "um conhecimento baseado na formulação de leis tem como pressuposto metateórico a idéia de ordem e de estabilidade do mundo, a idéia de que o passado se repete no futuro".[49] Enfim, o direito perdeu a sua autonomia após sua cientificização, politização e estatização.

As profundas desigualdades decorrentes das contradições do capitalismo e a visibilidade do descumprimento das promessas da Modernidade exigiram uma reorientação estatal no sentido de promover um pacto social entre capital e trabalho, por meio da intervenção estatal nas relações laborais. A pretensão era renovar as promessas de uma distribuição mais justa tanto em relação aos bens materiais quanto ao poder político. Nasce, no início do século XX, o Estado-Providência, com o propósito de triunfar a social-democracia sobre a revolução.[50]

Para o cumprimento desta nova tarefa, o direito tornou-se mais estatal e promoveu a juridicização da prática social, permeando todos os poros sociais, colonizando a sociedade. Ao buscar uma síntese da tensão entre regulação e emancipação, integrando os projetos

---

[49] Ibidem, p. 64.
[50] De acordo com Araujo Pinto, "São bastante conhecidos os fatores de passagem que marcam a ruptura do paradigma liberal: a eclosão de movimentos revolucionários na Europa (a partir, principalmente, de 1948), o surgimento e crescimento de doutrinas de feição socialista ou anarquista (que tinham como ponto comum a forte rejeição ao Estado Liberal então vigente) e a organização de setores da sociedade em novos grupos de pressão (sujeitos coletivos de direito, como associações ou sindicatos profissionais). (...) Diante da pressão para modificações na estrutura da sociedade, duas alternativas principais se apresentaram: reforma ou revolução. Prevaleceu, como se sabe, na Europa Ocidental, a via reformista. A reação do Estado às revoltas e conflitos sociais deu-se mediante uma mudança de paradigma: o surgimento do Estado Social" (ARAUJO PINTO. Arqueologia de uma distinção: o público e o privado na experiência histórica do direito, p. 22).

emancipatórios, desde que compatíveis com o modo de produção capitalista, o Estado submeteu a emancipação à regulação.[51]

Sob o paradigma do Estado Social, conforme análise de Araujo Pinto, há "hipertrofia do público, que passa a ser identificado ao Estado".[52] A extensa área de atuação estatal inverte a polaridade verificada sob o paradigma do Estado Liberal, no qual a dimensão privada predominava sobre a pública.

As promessas do Estado-Providência de democratização da distribuição de bens e da política, contudo, não se verificaram, o que provocou uma profunda crise deste modelo. O crescimento do endividamento do setor público resultante do incremento da máquina administrativa, somada à crise do petróleo, contribuíram para limitar as propostas do Estado Social.[53]

Nesta fase, cujo início se dá nos anos 1960/1970, novos sujeitos sociais emergem sob um cenário marcado pela ambiguidade. De um lado, os agentes econômicos transnacionais, cujo surgimento foi impulsionado pela hegemonização do mercado, pela retração das instituições e a consequente privatização das relações sociais. De outro, novos atores protagonizam a criação de redes de solidariedade que articulam movimentos de resgate da vida comunitária, da cidadania ativa e dos Direitos Humanos.[54]

Há uma visível desregulação estatal e os indícios deste fenômeno são evidentes: o crescimento dos mercados mundiais, a globalização e suas instituições impondo as políticas públicas aos Estados dos países endividados, as privatizações sem qualquer controle ou participação democrática. Esta retração do Estado

---

[51] SOUSA SANTOS. A crítica da razão indolente: contra o desperdício da experiência, p. 151.

[52] ARAUJO PINTO. Arqueologia de uma distinção: o público e o privado na experiência histórica do direito, p. 23.

[53] Há que se ressaltar, conforme Araujo Pinto, que "a crise do Estado Social não é exclusivamente fiscal ou administrativa. Ela é, antes de tudo, uma crise de déficit de cidadania e democracia. A crise de cidadania decorre da carência, gradativamente percebida, de participação efetiva do público nos processos de deliberação da sociedade política. A identificação do público com o estatal acabou por limitar a participação política ao voto. A isso se aduziu uma estrutura burocrática centralizada e distanciada da dinâmica vital da sociedade. (...) O Estado Social passou, como exaustivamente descrito, a atrair para si a tarefa de prover a compensação e inclusão" (Idem, p. 25).

[54] Conforme assinala Carvalho Netto, ao analisar a crise do paradigma do Estado Social: "Tem lugar aqui o advento dos direitos de 3ª geração, os chamados interesses ou direitos difusos, que compreendem os direitos ambientais, do consumidor e da criança, dentre outros. São direitos cujos titulares, na hipótese de dano, não podem ser clara e nitidamente determinados. (...) Associações da sociedade civil passam a representar o interesse público contra o Estado privatizado ou omisso. Os direitos de 1ª e 2ª gerações ganham novo significado. Os de 1ª são retomados como direitos (agora revestidos de uma conotação, sobretudo processual) de participação no debate público que informa e conforma a soberania democrática de um novo paradigma, o paradigma constitucional do Estado Democrático de Direito e seu Direito participativo, pluralista e aberto" (CARVALHO NETTO. A hermenêutica constitucional sob o paradigma do Estado democrático de direito, p. 7).

privatiza alguns temas de interesse público, minando a base do pilar da emancipação. A crise econômica de âmbito mundial, que eclodiu em outubro de 2008, revela as consequências da opção pela centralidade da lógica do mercado.

A aspiração por políticas públicas controladas pelo conjunto da cidadania sucumbiu mediante a apropriação do espaço público pelos interesses privados de minorias. Visto por uma lente unilateral, tal fenômeno poderia representar o triunfo deste modelo de capitalismo e a consolidação da privatização das relações sociais. É o que afirma Sousa Santos: "na vertente conservadora, a idéia de retração do Estado traduziu-se, basicamente, na privatização das políticas sociais, criando assim novas possibilidades de valorização do capital".[55]

Contudo, sob um olhar cuidadoso, é possível verificar que, muito embora a centralidade do mercado tenha provocado a retração da regulação do Estado, o princípio da comunidade, por ter sido mais refratário à cooptação estatal, manteve-se aberto a novos contextos e hoje emite sinais de que é possível uma reinvenção da emancipação.

Estes sinais constituem novos paradigmas que estão a emergir como *"vibrations ascendantes"* de que fala Sousa Santos, referindo-se a Fourier.[56]

O próximo capítulo destina-se a analisar as implicações da crise da Modernidade no âmbito da justiça. Primeiramente, apresentar-se-á uma breve análise de duas vertentes contemporâneas das teorias da justiça — liberal e comunitária — no intuito de demonstrar as diferentes respostas perante a fragmentação da sociedade contemporânea. Posteriormente, a crítica da democracia radical a ambas as abordagens abre caminho para a apresentação da dicotomia entre aquelas vertentes no âmbito dos Direitos Humanos. Por fim, alguns elementos da *teoria crítica pós-moderna*, elaborada por Sousa Santos, são oferecidos, a fim de revelar alguns sinais de uma nova e possível constelação paradigmática.

---

[55] SOUSA SANTOS. *A crítica da razão indolente*: contra o desperdício da experiência, p. 156.
[56] *Idem*, p. 16.

CAPÍTULO 2

Ressonâncias da Crise do Paradigma Moderno – Teorias da Justiça em Debate

Sumário: **2.1** O liberalismo de John Rawls (1921-2002) – **2.2** O Comunitarismo de Michael Walzer (1935-) – **2.3** A crítica da democracia radical – **2.4** Universalismo *versus* relativismo. A hermenêutica diatópica – **2.5** A teoria da pós-modernidade de oposição

Quais são os reflexos da crise dos paradigmas da Modernidade no âmbito da justiça? A multiplicidade de identidades sociais, culturais e étnicas, presentes na sociedade contemporânea, fez emergir, no âmbito da filosofia política, um debate entre liberais e comunitários, na perspectiva de formular um ideal de justiça distributiva compatível com esta nova realidade. Considerando que os pressupostos modernos que fundaram uma determinada concepção de sociedade justa estão em crise, há que se questionar qual a estrutura normativa compatível com a heterogeneidade e complexidade das democracias contemporâneas.[57]

Os padrões de universalidade, verticalidade e linearidade forjados na Modernidade vêm sendo confrontados pela complexidade de uma realidade fragmentada, múltipla. As dicotomias verdadeiro-falso, ordem-caos, igual-diferente, certo-errado, culpado-inocente, global-local já não são capazes de explicar um mundo no qual são muitas as variações valorativas, muitas histórias, muitas verdades.

Neste cenário multifacetado, marcado pelo conflito e pela diferença, as questões que emergem, no âmbito das teorias da

---

[57] CITTADINO. *Pluralismo, direito e justiça distributiva*: elementos da filosofia constitucional contemporânea, p. 2.

justiça, são as seguintes: é possível — e/ou desejável — estabelecer um consenso capaz de promover a coesão social e refundar a legitimidade na sociedade contemporânea? Há um ideal de justiça distributiva? Há uma ideia substantiva a respeito dos bens, que seja comum a todos os indivíduos? Quais os caminhos de construção de uma sociedade justa?

Neste tópico, inicialmente, serão examinadas duas vertentes das teorias da justiça contemporâneas[58] — liberal e comunitária — na perspectiva de refletir se suas respostas se alinham com os pressupostos de uma justiça comunitária para a emancipação. Em seguida, desenvolver-se-á uma breve análise da crítica formulada pela democracia radical de Chantal Mouffe em relação a estas abordagens.

O confronto destas duas vertentes das teorias da justiça ensejará a migração do debate para a esfera dos Direitos Humanos. É que, nesta seara, universalistas e relativistas dividem-se em torno da questão de como os Direitos Humanos podem ser assegurados, diante das diferenças culturais entre os povos. Nestes dois campos, subjaz a mesma tensão que impulsiona o debate sobre os pressupostos de um ideal de justiça em meio à complexidade das sociedades contemporâneas: a configuração de uma sociedade justa enfrenta a "difícil articulação entre as duas dimensões de um regime democrático liberal, ou seja, a lógica liberal da liberdade e a lógica democrática da igualdade ou, em outras palavras, os Direitos Humanos e a soberania popular".[59]

Como veremos adiante, este intenso debate no campo dos Direitos Humanos é objeto da análise de Sousa Santos, para quem a dicotomia universalismo *versus* relativismo pode ser superada a partir da adoção de um diálogo multicultural, denominado *hermenêutica diatópica*. Esta proposta, erigida no campo dos Direitos Humanos, ostenta os mesmos pressupostos nucleares da *teoria da pós-modernidade de oposição*, uma nova síntese na esfera das teorias de justiça. Em ambas as formulações de Sousa Santos, é possível identificar uma *teoria da tradução*, capaz de refletir uma resposta emancipatória para os desafios que a realidade contemporânea nos impõe.

---

[58] Antes da exposição destas duas principais correntes, contudo, há que se ressaltar que por ser este tema demasiadamente amplo, a análise limitar-se-á às principais obras de dois dos autores representantes das abordagens liberal e comunitária, John Rawls e Michael Walzer, respectivamente. Não serão abordados os demais autores que se alinham com esta ou aquela vertente, tendo em vista os limites da presente obra.

[59] CITTADINO. *Pluralismo, direito e justiça distributiva*: elementos da filosofia constitucional contemporânea, p. 4-5.

2.1 O liberalismo de John Rawls (1921-2002)

A concepção liberal é herdeira de uma abordagem kantiana, pela qual os discursos sobre a justiça são pautados em princípios universais, baseados em uma razão intrínseca a todos os seres humanos.

A obra de Rawls é uma resposta deontológica ao utilitarismo, protagonizado por Stuart Mill (1806-1873), cujo fundamento é a busca do bem estar e da satisfação pessoal, por meio da maximização das utilidades. Para Rawls, o indivíduo racional também é capaz de atuar moralmente na organização da cooperação social.[60]

A pergunta que Rawls busca responder é a seguinte: para se atingir uma sociedade justa — ou *bem ordenada* — como conciliar a escassez dos recursos com a pluralidade de interesses? Ou ainda, como promover a cooperação social em face da diversidade de interesses — denominado *fato do pluralismo*[61] — próprios das sociedades contemporâneas?

Sob um viés contratualista, Rawls investiga se há uma base moral sobre a qual se estruturaria uma sociedade democrática, identificando-a com o conceito de justiça. Ao traçar um ideal de justiça — a *teoria da justiça como equidade* — Rawls sustenta que esta articulação é possível por meio da formulação de princípios a partir de um consenso original.

Este consenso emerge de uma situação hipotética, denominada *posição original*, na qual a deliberação quanto aos princípios a serem escolhidos não está contaminada pelas desigualdades materiais, de poder e morais. A posição original é hipotética porque, conforme Rawls esclarece, não é necessário que ocorra efetivamente no mundo fático.[62]

A não interferência das desigualdades sociais estaria garantida pelo *véu de ignorância* que impede que os indivíduos saibam

---

[60] MOUFFE. *O regresso do político*, p. 40.
[61] Vê-se que o "fato do pluralismo" é concebido como um problema que deve ser neutralizado.
[62] Conforme Rawls, "nada semelhante deve ocorrer concretamente, embora nós possamos, deliberadamente, simular as reflexões das partes, apesar das restrições que isto representa. Não se pretende que a posição original explique a conduta humana, exceto na medida em que ela tenta avaliar nossos juízos morais e nos ajuda a explicar o fato de termos um senso de justiça" (RAWLS. *A Theory of Justice*, p. 130). E, ainda, "a posição original não deve ser pensada como uma assembléia geral que inclui, em um momento, todas as pessoas que vivem numa determinada época; e menos ainda como uma assembléia de todos aqueles que poderiam viver em uma determinada época. Ela não é uma reunião de todas as pessoas reais ou possíveis (...) a posição original deve ser interpretada de tal modo que possamos, a qualquer tempo, adotar a sua perspectiva" (*Idem*, p. 120). É necessário esclarecer que todas as citações em língua estrangeira serão apresentadas no idioma nacional, sendo a tradução de responsabilidade da autora.

a posição que eles ocupam na sociedade e as suas habilidades e talentos naturais. É possível ilustrar esta concepção com a seguinte alegoria: na medida em que os indivíduos desconhecem as partes de um bolo que lhes serão destinadas, no momento de dividi-lo, é razoável que o critério adotado seja equânime. Neste estado de absoluta ignorância em relação à sorte natural e às circunstâncias, os indivíduos livres e racionais deliberam, com equidade, sobre os princípios que regerão as normas, ou seja, os pilares básicos da sociedade que todos desejam.[63]

A concepção de *justiça equitativa* de John Rawls é baseada no fato de que os indivíduos escolhem princípios justos porque, ao desconhecer sua posição social, deixarão de agir segundo a lógica de satisfação de seus interesses. O pressuposto é o de que nenhum indivíduo escolheria um princípio utilitário que pudesse colocar em risco sua posição na sociedade.

Os princípios escolhidos seriam os seguintes. Primeiro: cada pessoa tem direito ao mais amplo sistema de liberdades básicas, desde que compatível com um sistema que garanta a liberdade de todos. Segundo: as desigualdades sociais e econômicas somente se justificam quando duas condições forem satisfeitas: (a) se estiverem vinculadas a condições de igualdade de oportunidade; e (b) se for conferido o máximo de benefícios aos membros da sociedade que se encontram na posição mais desfavorável (princípio da diferença).[64]

O primeiro princípio celebra a liberdade como um bem que, sendo comum a todos, não pode ser sacrificado em nome de vantagens econômicas ou sociais. Qualquer restrição somente é tolerável quando duas liberdades básicas estiverem em confronto.[65] O segundo princípio diz respeito à igualdade de oportunidade de acesso aos bens. Qualquer desigualdade, entretanto, somente se justifica se assegurados os benefícios aos que estejam em posição desfavorável. Assim, a desigualdade por si, não é injusta. Injusta é a desigualdade que não propicia benefício e igualdade de oportunidades a todos.

---

[63] Para Rawls, "a idéia da posição original é estabelecer um procedimento eqüitativo, de maneira que quaisquer dos princípios aceitos sejam justos. (...) De algum modo, nós devemos anular os efeitos das contingências específicas, as quais colocam os indivíduos em posições de desacordo, estimulando-os a explorar as circunstâncias naturais e sociais em seu próprio benefício. Com esse objetivo, eu suponho que as partes estão situadas sob um *véu de ignorância*. Elas não sabem como as várias alternativas irão afetar o seu caso particular e são obrigadas a avaliar os princípios unicamente com base nas considerações gerais" (*Ibidem*, p. 118).

[64] *Ibidem*, p. 53.

[65] "A limitação da liberdade só se justifica quando necessária para a própria liberdade, para prevenir uma violação da liberdade que seria ainda pior" (*Ibidem*, p. 188).

As normas que regerão a sociedade são confeccionadas à luz destes princípios, por meio da *justiça procedimental pura*. Trata-se de um sistema de distribuição organizado pelas instituições — *estrutura básica justa* — que, ao adotar um procedimento justo, assegurará a justiça das decisões.

A estabilidade advinda do consenso, pois, não é suficiente para garantir a justiça: os princípios escolhidos devem ter correspondência com os ditames morais, sob um *equilíbrio refletido*. A situação hipotética é este exercício de representação, no qual simulamos estas reflexões.

A fonte de Rawls é retirada da obra de Kant, para quem os princípios morais são objeto de uma escolha racional. Ao contrário dos desejos e impulsos humanos regidos pelas leis da natureza, o imperativo categórico de Kant rege a conduta humana em razão de sua natureza racional, igual e livre.[66]

O foco da vertente liberal é a autonomia privada. Os direitos fundamentais limitam a soberania popular e protegem os indivíduos das deliberações públicas. O ideal de justiça é assegurar a cada indivíduo a realização de seu projeto pessoal de vida em meio ao pluralismo, que é reduzido ao agrupamento de individualidades diferenciadas, a partir de concepções diferentes de bem.

Conforme veremos a seguir, em contraste com o enfoque individual do liberalismo, o resgate da identidade social é uma das finalidades dos comunitários e um dos motivos que os levam a rejeitar a abordagem liberal.

2.2 O Comunitarismo de Michael Walzer (1935-)

Uma das restrições dos comunitários em relação ao enfoque liberal é a de que os indivíduos não podem ser considerados descolados de seus fins, valores e concepções de bem, todos construídos na relação com a comunidade. Diante do pluralismo, não há um ponto de vista universal válido para todas as sociedades. Uma concepção de justiça deve convergir em um acordo ético, permeado, porém, pela tradição e por valores compartilhados. O consenso, pois, será sempre conflitivo e parcial.

A crítica comunitária ao liberalismo de Rawls sustenta que sua teoria concentra-se em demasia na autonomia e na independência e

---

[66] É o próprio Rawls que assume esta herança kantiana (*Ibidem*, p. 121; 221-222, 226).

não suficientemente na reciprocidade, lealdade e solidariedade. E, ainda, o indivíduo não pode ser abstraído do contexto social no qual vive, "uma realidade que é constituída por uma rede de relações sociais dentro das quais cada indivíduo encontra sua identidade e seu sentido".[67]

Segundo Walzer, "justiça é uma construção humana e é duvidoso que isso possa ser feito somente por um caminho".[68] Para o autor, os princípios de justiça são intrinsecamente plurais e, portanto, a distribuição de bens segue diferentes critérios próprios da comunidade. O que é bom para uma comunidade, pode não sê-lo para outra.[69]

A justiça para os comunitários é algo efêmero que pode assumir formas distintas, a depender das diferentes esferas nas quais ela opera. Nesse sentido, a distribuição de bens não ocorre por meio de um padrão universalmente compartilhado. A justiça está, pois, fragmentada em um sistema em que cada bem pertence a uma esfera, uma categoria distributiva regida por critérios próprios.

Nesta estrutura de diferentes esferas de bens, Walzer concebeu o conceito de *igualdade complexa*. Trata-se de um ideal de justiça distributiva, no qual pode haver desigualdade entre as pessoas em relação à posse de bens de uma mesma esfera. O que não pode ocorrer é o monopólio de uma esfera sobre as demais, na medida em que deve haver uma autonomia entre os bens. No capitalismo, o problema não está na desigualdade de distribuição de renda, mas no fato de o dinheiro tiranizar os demais bens. Como exemplo, o dinheiro monopoliza a esfera da saúde e somente aqueles que possuem renda têm direito a usufruir daquele bem. Assim, a distribuição de bens deve seguir o critério da necessidade e não do poder. No regime de *igualdade complexa*, um bem, por ser autônomo, não interfere no outro. Há desigualdades dentro de cada esfera, mas não há tirania. Como exemplo, na esfera da política, um candidato a um cargo estatal pode vir a ser preterido nas eleições em detrimento de outro, por opção dos eleitores. Mas não poderá

---

[67] CAMPBELL. *Justice*, p. 43.
[68] WALZER. *Spheres of Justice*: a Defense of Pluralism and Equality, p. 5.
[69] Nas palavras de Walzer, "eu pretendo argumentar que: os princípios de justiça são plurais na forma; que diferentes bens sociais deveriam ser distribuídos por diferentes razões, de acordo com diferentes procedimentos, por diferentes agentes; e todas estas diferenças derivam de diferentes entendimentos de bem sociais — o produto inevitável do particularismo histórico e cultural" (*Idem*, p. 6).

sê-lo por hipossuficiência financeira ou educacional. Ambos devem ter o mesmo acesso aos demais bens, apesar de ostentarem posições desiguais, no campo da política.

Para Walzer, a igualdade complexa é uma alternativa ao *regime de simples igualdade*, pelo qual os bens, em especial a renda, são distribuídos de forma equânime. Este sistema, protagonizado pelo Estado-Providência, não resolve o problema da prevalência do poder em detrimento da necessidade — próprio do capitalismo — porque requer um Estado forte, que intervenha constantemente para evitar a submissão das demais esferas à do capital. Ademais, outros monopólios podem emergir em substituição ao monopólio do dinheiro: o da burocracia ou meritocracia, por exemplo.

Este regime de justiça distributiva de Walzer ostenta uma perspectiva comunitária porque prioriza as escolhas da comunidade em detrimento das imposições do mercado ou do Estado: "as necessidades não podem ser reféns da lógica do mercado, tampouco do poder político".[70] A distribuição de bens sociais que se submete à discussão comunitária pode aumentar o nível de participação política, além de despertar para o senso de solidariedade.

As decisões sobre a distribuição dos bens devem ser levadas a efeito democraticamente. Para Walzer, democracia é um caminho de se alocar poder e legitimar o seu uso. É um processo de persuasão em cujo fórum o cidadão leva somente a sua fala, não os outros bens. Daí que o voto não é suficiente para a plena democracia porque a formação da opinião pressupõe o debate. Como cada comunidade ostenta seu próprio código de necessidades, a democracia é o espaço do diálogo, da retórica, do melhor argumento.[71]

Em outras palavras, a justiça para os comunitários é um processo que resulta da democracia exercida na esfera da comunidade e, como tal, baseia-se em contextos específicos e não na razão humana. As identidades, sempre tão múltiplas e contraditórias, são historicamente contingentes, e não ontologicamente determinadas.

---

[70] *Ibidem*, p. 94.
[71] "A democracia valoriza a fala, a persuasão, as habilidades retóricas. Idealmente, o cidadão que utiliza o argumento mais persuasivo — que é o argumento que realmente convence um número maior de cidadãos — encontra seu espaço. Mas ele não pode usar da força ou do argumento da autoridade ou do poder do dinheiro; ele deve falar sobre os temas que estiverem ao seu alcance. Além disso, todos os demais cidadãos devem falar ou, no mínimo, ter a oportunidade da fala. (...) Cidadãos vêm para o fórum com nada além de seus argumentos. Todos os bens não políticos devem ser deixados de fora: armas, carteiras, títulos e graduações" (*Ibidem*, p. 304).

Walzer identifica a *posição original* de Rawls à *situação ideal de fala* de Habermas.[72] Para ele, ambos são questionáveis porque pressupõem um ponto de vista universal e uma "resposta certa".[73] Além disso, a comunidade deve ter prevalência sobre o foco excessivamente individual do liberalismo. O significado de cada bem social — ao contrário do método de Rawls que é abstrato porque transcende particularidades locais — é constituído no processo social, sendo a justiça um conceito relativo.

E se a vontade popular for tirana? O próprio autor levanta a questão, refletindo se haveria um padrão transcultural que corrigiria explorações inaceitáveis. Sua resposta não se mostra livre de certa dubiedade.

De um lado, Walzer afirma que, em uma dada sociedade, havendo desacordo acerca dos bens sociais, a justiça requer que a comunidade resolva estas controvérsias, por meio de seus canais institucionais de expressão. Para tanto, há que se ter uma estrutura — a igualdade complexa das diferentes esferas sociais — sobre a qual o debate se realizará.

O autor toma o sistema de castas na Índia como exemplo. Nele, a condição religiosa, familiar e sanguínea do indivíduo definirá o seu acesso a determinados bens. Para aquela sociedade, os sentidos serão, pois, válidos se foram definidos e partilhados socialmente, ainda que seus valores possam violar os padrões ocidentais de igualdade entre os seres humanos.[74] Se o sistema, entretanto, gerar perversões sociais, a reação a qualquer tirania deve vir de dentro da comunidade e não de princípios externos e pretensamente universais.[75] A mudança social, portanto, deve ocorrer pela persuasão e não pela imposição externa.

---

[72] "A ética discursiva habermasiana recorre ao modelo de um amplo e irrestrito diálogo, no qual todos os participantes têm igual acesso e onde prevalece a força do melhor argumento. Este modelo que Habermas designado como '*situação ideal de fala*', impõe uma série de condições apresentadas através de três exigências fundamentais: a não-limitação, ou seja, a ausência de impedimentos à participação; a não-violência, enquanto inexistência de coações externas ou pressões internas; e a seriedade, na medida em que todos os participantes devem ter como objetivo a busca cooperativa de um acordo" (CITTADINO. *Pluralismo, direito e justiça distributiva*: elementos da filosofia constitucional contemporânea, p. 110-111).

[73] Poder-se-ia afirmar que a *situação ideal de fala* habermasiana também encontra semelhanças com o fórum de persuasão de Walzer. A diferença do enfoque de Habermas em relação ao de Rawls e de Walzer, contudo, está no fato de que a ética discursiva de Habermas é exclusivamente procedimental e, como tal, não pretende produzir normas substantivas, mas somente avaliar a legitimidade das normas produzidas.

[74] WALZER. *Spheres of Justice*, p. 26-27.

[75] "A base da crítica permaneceria local, interna para os sentidos da sociedade, e não um apelo a princípios externos ou universais; e se os sentidos realmente forem impostos por todos os membros da sociedade, então não haverá base para a crítica" (MULHALL; SWIFT. *Liberals and Communitarians*, p. 141).

De outro lado, Walzer considera a possibilidade de os valores culturais de uma determinada sociedade sofrerem crítica por parte de outra. Ele não descarta a hipótese de um estrangeiro tentar convencer a sociedade indiana que as suas doutrinas podem ser reelaboradas. E, aqui, sua abordagem relativista é flexibilizada: "O que é proibido não é a tentativa de persuadir outra cultura para mudar seu entendimento, mas impor um entendimento à sociedade sem transformar os seus sentidos".[76] Walzer chega a admitir um código mínimo de valores morais que pode ser justificadamente utilizado, em intervenções que combatam situações de extrema tirania.[77]

Esta flexibilização de Walzer, apesar de não descaracterizá-lo como um representante da abordagem comunitária, afasta-o da sua vertente mais clássica, segundo a qual não se admite, em nenhuma hipótese, qualquer tipo de intervenção cultural entre as sociedades.

Em consonância com a crítica oferecida pela democracia radical, este trabalho concluirá que as abordagens liberal e comunitária não se mostram adequadas para o desenvolvimento dos traços de uma justiça comunitária para a emancipação, conforme se demonstrará a seguir.

2.3 A crítica da democracia radical

O ceticismo em relação à política que marca os tempos atuais, segundo Chantal Mouffe, vem causando um efeito corrosivo na adesão popular aos valores democráticos. Se de um lado, formas extremas de individualismo têm ameaçado o tecido social, de outro, a procura por novas formas de identificação coletiva, tem ensejado o crescimento de fundamentalismos religiosos ou étnicos, retratando o déficit de democracia que caracteriza as sociedades liberais democráticas.[78] Para a autora, a insatisfação com as instituições da democracia está relacionada à teoria liberal que enalteceu o individualismo, o universalismo e a racionalidade refratários às reflexões de ordem moral.

Diante deste déficit, uma das mais recentes expressões da teoria liberal, denominada *democracia deliberativa*, vem tentando introduzir

---

[76] *Idem*, p. 143.
[77] Segundo MULHALL; SWIFT, esta posição de Walzer está na obra *Interpretation and Social Criticism* (Cambridge, Mass.: Harvard University Press, 1987) (*Ibidem*, p. 144).
[78] MOUFFE. Deliberative Democracy or Agonistic Pluralism?, p. 11.

questões morais e de justiça dentro do âmbito político. Trata-se de conciliar a soberania democrática e as instituições consolidadas pelo liberalismo, eliminando os perigos que a participação popular possa causar aos valores liberais.[79]

Embora reconheça pontos de divergência entre as teorias de Rawls — na esfera da justiça — e de Habermas — no campo da legitimidade —, Mouffe identifica elementos que os unificam sob a vertente deliberativa.

Em primeiro lugar, ambas as versões buscam um laço forte entre democracia e liberalismo, reproduzindo assim a histórica tentativa de superação da tensão entre a tradição associada a Locke — liberdade; propriedade; liberdade de expressão, dentre outros — e a Rousseau — soberania popular e igualdade.

O outro ponto de convergência refere-se ao consenso racional que, segundo os autores, pode ser alcançado, na esfera pública, por meio do diálogo travado entre indivíduos livres, razoáveis e imparciais. Mouffe sustenta que, em ambas as teorias, o que se pretende é a separação entre a esfera pública e a privada — e seus valores plurais e irreconciliáveis — como se o domínio público fosse um terreno neutro que pudesse ser isolado do pluralismo de valores, para a formulação do consenso advindo de soluções racionais e universais.[80]

A *posição original* de Rawls, como uma alegoria capaz de superar o *fato do pluralismo*, representa a busca deste consenso, a partir da reunião de individualidades dotadas de razão.

Cabe, aqui, entretanto, questionar: como fazer escolhas racionais sob o *véu da ignorância*, o qual pretensamente elimina valores, desejos e a consciência da própria condição individual? Como os indivíduos podem abstrair-se da posição que ocupam na sociedade? Como isolar deliberação política de escolhas morais? Conforme sustenta Mouffe, a comunicação política entre as pessoas, distinguindo o que é justo ou injusto, legítimo ou ilegítimo, acontece em esferas próprias de validação, na qual prevalece a *doxa*, a opinião, e não uma verdade estranha à tradição cultural.[81]

Também para Habermas,[82] a base da legitimidade das instituições democráticas — normas e arranjos institucionais — está no

---
[79] *Idem*, p. 3.
[80] *Idem*, p. 8.
[81] MOUFFE. O regresso do político, p. 28-29.
[82] *Apud* MOUFFE, Deliberative Democracy or Agonistic Pluralism?, p. 6.

consenso entre todos os que serão afetados pelas consequências da deliberação política. Este procedimento decisório deve seguir alguns pressupostos de validade que convirjam em ampla oportunidade para que todos participem de forma equânime do debate, sem coerção, sem restrições e sem exclusões. Adotadas as condições do *discurso ideal*, o resultado deste processo não será um mero acordo, mas um *consenso racional*, no qual prevaleça o melhor argumento.

Esta *situação ideal de fala* é considerada por Habermas uma ideia regulatória porque é improvável que ocorra no mundo fático, em razão da dificuldade de os indivíduos deixarem de lado seus interesses em nome de princípios racionais e universais. Habermas está convencido, contudo, que as questões políticas podem ser decididas racionalmente e que a troca de argumentos e contra-argumentos é o procedimento mais adequado para formular um consenso racional no qual interesses gerais irão emergir. Ao contrário da formulação de Rawls, sua abordagem é estritamente procedimental, permitindo uma maior abertura para a formação de uma opinião racional.

A crítica que Mouffe faz em relação à abordagem habermasiana é baseada na leitura de Wittgenstein,[83] para quem o grande desafio desta concepção é sustentar a possibilidade de um diálogo racional e neutro. Para o autor, o consenso de opiniões pressupõe um consenso da linguagem utilizada, o que implica consenso quanto à concepção de mundo.[84] O procedimento adotado para as deliberações sempre envolverá um compromisso substancialmente ético, na medida em que o rito contempla um complexo de práticas que expressam diferentes visões de mundo, a partir de individualidades e identidades. Isto significa não ser possível a separação pretendida por Habermas entre procedimento e substância porque aquele sempre implica compromissos éticos que revelam as escolhas substantivas.

A mesma crítica é formulada pelos comunitários que sustentam que o pluralismo não está limitado à diversidade de concepções individuais, mas à "existência de uma pluralidade de identidades sociais, que são específicas culturalmente e únicas do ponto de vista

---

[83] *Apud* MOUFFE, idem, p. 3.
[84] No mesmo sentido, ver HELLER. *Além da justiça*, p. 321: "Como muitos críticos de Habermas apontaram, inclusive eu mesma, nenhum discurso pode resultar em 'consenso verdadeiro' a menos que os participantes partilhem de pelo menos um valor, norma ou princípio antes de entrar no discurso".

histórico".[85] Em outras palavras, o pluralismo não é um somatório de individualidades, mas um partilhar de múltiplas identidades sociais.

Assim, onde há diferença e pluralismo inevitavelmente haverá conflito. O pluralismo é, assim, constitutivo da natureza da democracia e não deve ser domesticado. A política é a arte de organizar a coexistência humana em contextos conflituais. Negar o traço conflitivo da política em busca de um consenso racional universal "mascara uma apatia inquietante" e é uma ameaça à democracia.[86]

A democracia radical rejeita a possibilidade de um espaço público não coercitivo, no qual se exercita o argumento racional. A democracia política somente pode ser atingida quando se reconhece que nenhum ator social pode tentar atribuir a si a representação da totalidade.[87] O consenso tem, portanto, uma existência temporária resultante de uma hegemonia provisória e que sempre pressupõe algum tipo de exclusão.[88]

Assim, sem os impedimentos para a realização da *situação ideal de fala* não há condições para o diálogo e, por consequência, para a deliberação porque o antagonismo é inerente do poder. "Se aceitamos que relações de poder são constitutivas do social, a principal questão da política democrática não é como eliminar o poder, mas como constituir formas de poder mais compatíveis com os valores democráticos".[89]

No campo político, o "outro" não pode ser o inimigo a ser eliminado, mas um adversário cujas ideias são confrontadas com outras ideias. Assim, há que se distinguir dois tipos de relações políticas: uma do antagonismo entre inimigos e outra do *agonismo* entre adversários. Trata-se, portanto, de transformar o antagonismo em *agonismo*.[90] Tal tarefa não pressupõe a eliminação das paixões, relegando-as à esfera privada a fim de buscar um consenso racional, mas, ao contrário, implica mobilização das paixões na promoção de uma democracia radical.

---

[85] CITTADINO. *Pluralismo, direito e justiça distributiva*: elementos da filosofia constitucional contemporânea, p. 85.
[86] MOUFFE. Deliberative Democracy or Agonistic Pluralism, p. 17.
[87] *Idem*, p. 14.
[88] *Ibidem*, p. 17.
[89] E acrescenta, "Para conhecer a existência de relações de poder e a necessidade de transformá-las, há que se renunciar à ilusão de que podemos ser completamente livres do poder. Isto é o que caracteriza o projeto da *radical e plural democracia* que nós estamos sustentando" (*Ibidem*, p. 14).
[90] *Ibidem*, p. 15-16.

Esta abordagem é mais receptiva à fragmentação e à multiplicidade de vozes que a sociedade contemporânea abarca. Não se trata, pois, de buscar uma convergência de vozes uníssonas, mas uma *teoria da tradução*[91] que permita o falar de todas as vozes, em especial as que sempre foram silenciadas.

Se, de um lado, Mouffe critica a *democracia deliberativa*, por sua universalidade e por sua busca de uma essência pautada na moralidade e na razão, de outro, a autora rejeita o relativismo cultural associado à abordagem pós-moderna.[92] Uma coisa é reconhecer que cada identidade social é definida pelo processo histórico; outra é o tipo extremo de relativismo que não confere uma identidade relacional entre os fragmentos.[93] Ao colocar uma excessiva ênfase na fragmentação e na heterogeneidade, a visão pós-moderna impede reconhecer como certas diferenças culturais são construídas sob relações de subordinação.

Esta mesma crítica de Mouffe à fragmentação pós-moderna pode ser direcionada à vertente comunitária das teorias da justiça. É que, apesar das diferenças entre ambos os enfoques, o relativismo é um denominador comum. A diferença está na esfera em que a fragmentação opera. Para os pós-modernos, cada conflito, cada jogo de linguagem, cada resolução, constitui um contexto específico a requerer uma linguagem apropriada em pequenas narrativas.[94] Conforme vimos, para os comunitários, a unidade na qual a justiça opera é a sociedade e, como tal, a concepção do justo converge em um acordo ético, permeado por valores comunitários compartilhados, sem interferências externas.

---

[91] Conforme veremos na análise de Sousa Santos descrita no tópico 2.4 deste capítulo.
[92] Ao não se identificar integralmente com as vertentes liberal e comunitária, a democracia radical se define como um projeto moderno e pós-moderno (MOUFFE. *O regresso do político*, p. 23).
[93] MOUFFE, *idem*, p. 19.
[94] Sob a perspectiva pós-moderna de George Pavlich, a justiça está fragmentada, fatiada dentro de uma alteridade infinita, não sendo possível tentar captar uma unidade essencial de justiça. A realização da justiça é um participar de jogos de linguagem sobre o que seria justo, em um determinado contexto. Há que se buscar uma linguagem que seja apropriada ao contexto e por meio da qual diferentes racionalidades de disputantes até então silenciados possam se expressar. Sob este ponto de vista, os comunitários ainda estariam a trilhar dentro do *ethos* da Modernidade porque, na linha pós-moderna, mesmo dentro de uma comunidade, a experiência e a expressão da alteridade não são uniformes. "A linguagem deve permitir ouvir a voz do outro — do excluído — sustentar diferenças, articular texturas do silêncio, dentro de pequenas narrativas" (PAVLICH. *Justice Fragmented*: Mediating Community Disputes under Postmodern Conditions, p. 11). A pós-modernidade repudia o consenso que mina a pluralidade em nome de princípios universais e violenta a heterogeneidade dos jogos de linguagem. Para Lyotard, a justiça da pós-modernidade não opera na base do consenso, ao contrário, ela requer que encontremos um diálogo que compense o desequilíbrio da diferença. "Ao invés de silenciar diferenças em estruturas universalizantes ou fazer cumprir um acordo, deve-se proporcionar idiomas que abranjam racionalidades de todos os participantes" (*Apud* PAVLICH, *ibidem*, cap. 2, nota 14).

Neste aspecto, ao recusar um caráter relacional entre os fragmentos, por seu extremo relativismo, os comunitários compartilham do niilismo presente na concepção pós-moderna.[95] Esta excessiva fragmentação e relativização, aliadas à postura de "celebrar a realidade tal como ela é", presentes nas obras dos pós-modernos, levou Sousa Santos a classificar esta vertente de *pós-modernidade celebratória*, incapaz de reinventar a emancipação social, conforme veremos mais adiante.

O mesmo relativismo cultural presente na vertente comunitária — em contraposição ao contratualismo liberal das teorias da justiça — é o que se opõe ao universalismo no campo dos Direitos Humanos. A concepção relativista sustenta que cada sociedade tem o direito de escolher os princípios que regerão suas vidas: a autodeterminação e a soberania popular devem prevalecer sobre um pretenso código universal de Direitos Humanos.

Esta relativização não é capaz de resolver um paradoxo. Primeiro, se há uma clara opção pela soberania em detrimento dos Direitos Humanos significa que, para os comunitários, os princípios da soberania e da tolerância à diversidade cultural devem ser universalmente reconhecidos. Assim, seria possível afirmar que alguns valores — como a tolerância à diferença — precedem e extrapolam uma realidade cultural concreta. Em segundo lugar, se, diante da tirania, a mudança deve ocorrer pela persuasão, conforme afirma Walzer, isto significa que há um código mínimo de referência moral em nome do qual esta persuasão operaria.

De qualquer sorte, ainda que desconsideremos este paradoxo, o relativismo inclina-se a conceber a comunidade como algo monolítico e coerente internamente, numa apologia às idiossincrasias culturais. As tradições culturais preservadas por este enfoque muitas vezes reforçam relações históricas de subordinação, cujo enfrentamento requer outros caminhos para além da persuasão das minorias sobre a maioria. E é exatamente neste aspecto que a vertente comunitária se mostra hermética para a possibilidade de se construir diálogos multiculturais, conforme veremos adiante ao analisar o enfoque de Sousa Santos acerca dos Direitos Humanos.

Em sintonia com esta concepção pluralista de Mouffe, a qual rejeita o essencialismo do universalismo liberal e a fragmentação

---

[95] Muito embora, na visão dos pós-modernos, os comunitários operam ainda dentro da margem da Modernidade ocidental, conforme nota acima.

pós-moderna, serão analisadas, na obra de Sousa Santos, duas propostas que constituem uma síntese do debate supra.[96] No campo dos Direitos Humanos, a *hermenêutica diatópica* e, na seara das teorias da justiça, a teoria da *pós-modernidade de oposição*. Ambas são desenvolvidas a partir de uma *teoria da tradução*, capaz de lidar com a pluralidade e a diversidade cultural de uma forma dialógica e democrática, reinventando assim a emancipação social sob uma ótica cosmopolita que reverencia a reciprocidade e a ética da alteridade.

2.4 Universalismo *versus* relativismo. A hermenêutica diatópica[97]

O conceito de Direitos Humanos tem assento nos pressupostos do pensamento ocidental, talhados na Modernidade: a autonomia e a dignidade irredutível dos indivíduos demandam "que a sociedade seja organizada de uma maneira não hierárquica, como a soma das liberdades individuais".[98]

Na medida em que a base dos Direitos Humanos está assentada nos pilares do ocidente, a universalização dos Direitos Humanos não é senão, como sugere Sousa Santos, a "globalização de um localismo ocidental"[99] e, muitas vezes, uma expressão dos interesses geopolíticos dos Estados capitalistas hegemônicos. Tanto é assim que a Declaração Universal dos Direitos Humanos de 1948 foi escrita sem a participação da maioria dos povos do mundo e, ainda, conferiu uma prevalência aos direitos individuais — civis e políticos — em detrimento dos coletivos — econômicos, sociais e culturais.

Nesse sentido, há que se transformar os Direitos Humanos de um localismo globalizado para um projeto cosmopolita. E, neste

---

[96] A despeito de certa sintonia identificada entre estes autores, é necessário ressalvar que há uma diferença essencial na abordagem do conceito de poder. Para Mouffe, se as relações de poder são constitutivas do social, a principal questão é constituir formas de poder que sejam compatíveis com os valores democráticos. Ao contrário da reconstituição democrática do poder proposta pela democracia radical, conforme será analisado no tópico destinado à *teoria da pós-modernidade de oposição*, Sousa Santos admite a eliminação das formas de poder, transformando-as em autoridades compartilhadas, nas seis esferas constitutivas da sociedade: o espaço doméstico; a comunidade; o mercado; a cidadania; o espaço de produção e o espaço mundial.
[97] Todo este tópico destina-se a demonstrar, por meio do conceito da *hermenêutica diatópica*, como a reflexão de Sousa Santos acerca dos Direitos Humanos supera a dicotomia universalismo/relativismo que, conforme já mencionado, é a mesma polarização entre liberais e comunitários no âmbito das teorias da justiça. Somente após a apresentação da *teoria da tradução*, neste tópico, os elementos da *teoria da pós-modernidade de oposição* serão desenvolvidos.
[98] SOUSA SANTOS. *Toward a New Legal Common Sense*, p. 270.
[99] *Idem*, p. 271.

processo, o debate universalismo *versus* relativismo cultural perde a centralidade. Reconhece-se que, de um lado, todas as culturas aspiram valores universais e; de outro, todas as culturas são relativas. Contudo, contra o universalismo — que busca globalizar o que é local — é necessário um diálogo multicultural e, contra o relativismo, há que se desenvolver um procedimento que seja capaz de distinguir políticas progressistas, emancipatórias e voltadas para o empoderamento, daquelas que conduzem à regulação e à subordinação. Neste aspecto, o projeto cosmopolita tem por propósito o combate a todas as formas de opressão e sofrimento humano.

Este diálogo entre diferentes culturas, possível por meio de uma *teoria da tradução*, implica refletir quais seriam os padrões mínimos de direitos fundamentais que possam assegurar a dignidade humana e a emancipação social.

Partindo do pressuposto da incompletude de cada cultura, Sousa Santos busca uma concepção *mestiça* de Direitos Humanos,[100] por meio da qual uma nova retórica promove a troca de diferentes saberes, culturas e universos de sentidos. Não é possível, contudo, a consciência da incompletude, a partir de dentro da cultura, em razão da sua aspiração universal. Assim, a *hermenêutica diatópica*[101] é uma ferramenta que possibilita o reconhecimento desta incompletude, a partir de outra cultura. Não se trata de buscar uma completude que se mostra inviável e totalizante, mas, ao contrário, a consciência recíproca da incompletude das culturas em diálogo.

O exemplo concreto fornecido por Sousa Santos demonstra que se trata de uma árdua tarefa, mas não impossível: uma hermenêutica diatópica pode ser conduzida entre o padrão de Direitos Humanos ocidental e o *dharma* da cultura hindu. Do ponto de vista deste último, os Direitos Humanos do chamado mundo ocidental são incompletos, na medida em que não estabelecem uma relação entre a parte — o indivíduo — e o todo — a realidade — havendo uma forte dicotomia entre o individual e o social. Além disso, sob esta visão, há uma prevalência dos direitos sobre os deveres individuais em relação à sociedade como um todo ou em relação ao cosmos. Por outro lado, o *dharma*, visto da perspectiva ocidental, também se revela incompleto devido à apologia da harmonia que pode ocultar injustiças e valores em conflito. Além disso, o *dharma* não valoriza princípios tais como a democracia, a liberdade e a autonomia.

---

[100] Sousa Santos se refere a Makau Mutua em *Toward a New Legal Common Sense*, p. 272.
[101] *Idem*, p. 273.

O reconhecimento da recíproca incompletude e fragilidade de cada cultura é, pois, uma condição essencial para o diálogo multicultural. Esta hermenêutica é diatópica porque só existe a partir do reconhecimento da alteridade entre dois topos. A proposta é identificar as áreas de conflito e procurar uma reconciliação que identifique princípios comuns multiculturais, voltados para a emancipação humana.

A ferramenta sugerida por An-na'im[102] para tal tarefa é o *princípio da reciprocidade*, uma relação positiva entre os dois sistemas, por meio do qual as exclusões de minorias são identificadas, na perspectiva de sua superação.[103] Por exemplo, em muitos aspectos da religião muçulmana, as mulheres e os não muçulmanos são excluídos da aplicação de seus princípios, em razão de vários fatores históricos. No entanto, nesta tradição, as mensagens originais são de profunda ênfase à inerente dignidade de todos os seres humanos, independente de raça, gênero ou crença. Ou seja, é possível resgatar estes princípios a partir de um diálogo com os Direitos Humanos ocidentais, mas de dentro da própria cultura muçulmana.

Desse modo, uma política contra-hegemônica de Direitos Humanos deve estar voltada a recuperar a sua essência utópica, de maneira que a sua linguagem possa promover diálogos emancipatórios em escala global. Assim, aquele pretenso universalismo — globalização do localismo ocidental — deve ceder espaço a um novo universalismo cosmopolita. "Direitos humanos são o Esperanto político, cujas políticas cosmopolitas promovem transformação dentro de uma rede de mútua inteligibilidade das línguas nativas".[104]

Esta reinvenção dos Direitos Humanos pressupõe o fortalecimento dos agentes não estatais. Apesar do Estado-Nação ainda ser o foco das lutas pelos Direitos Humanos — tanto na qualidade de violador como de defensor — é fundamental ampliar o campo dos atores sociais na promoção deste diálogo multicultural, a fim de romper com a dicotomia Estado-sociedade civil e com as fronteiras do

---

[102] *Apud* SOUSA SANTOS, *ibidem*, p. 277.
[103] Conforme Sousa Santos, "Esta é uma tarefa difícil porque cada tradição religiosa e cultural tem sua própria estrutura de referência de cuja fonte deriva a validade de seus preceitos. A fim de superar a hostilidade desenvolvida entre as culturas, há que se encontrar um princípio transcultural, compartilhado pela maioria das tradições culturais, o qual, uma vez construído de um modo transparente, pode ser capaz de sustentar padrões universais de direitos humanos" (*Ibidem*, p. 277).
[104] *Ibidem*, p. 282.

Estado-Nação. Além disso, uma concepção emancipatória, conforme já mencionado, não pode pretender utilizar-se dos pressupostos da Modernidade ocidental como paradigma dominante. Para tanto, é indispensável, de um lado, um mergulho nas bases dos movimentos sociais locais; de outro, uma inteligibilidade translocal com repercussões globais.

Esta ponte a ser construída entre as culturas por meio da *mestiçagem* da *teoria da tradução* implica a adoção de um novo comportamento, sobretudo por parte do ocidente, que não universalize o que é local. Por exemplo, a linearidade dos direitos de primeira, segunda e terceira geração é algo que não faz qualquer sentido em inúmeras realidades. A experiência ocidental deve ser contextualizada historicamente. Em segundo lugar, é preciso reconhecer a prevalência que o ocidente tem destinado aos direitos individuais em detrimento: a) dos direitos coletivos; b) dos deveres do cidadão em relação à comunidade e c) da responsabilidade em relação ao planeta. A humanidade não pode mais ser concebida como uma soma de indivíduos livres e autônomos.

Ao rejeitar a globalização do padrão ocidental, a *hermenêutica diatópica* proposta por Sousa Santos, no campo dos Direitos Humanos, não se alinha à abordagem universalista. Por outro lado, o reconhecimento da necessidade de estabelecer diálogos multiculturais — por força da incompletude de cada cultura — a fim de estabelecer padrões básicos e comuns de garantia da dignidade humana e da emancipação social, afasta-o do relativismo cultural. O elemento da necessária tradução presente nesta concepção encontra correspondência na *teoria da pós-modernidade de oposição*, conforme será analisado a seguir.

2.5 A teoria da pós-modernidade de oposição

No campo das teorias contemporâneas da justiça, as vertentes até aqui analisadas buscaram dar respostas à fragmentação social, estabelecendo novos arranjos entre democracia, ética e justiça. Contudo, para o propósito deste livro, estas teorias mostraram-se parciais e insuficientes, na medida em que ora se alinham ao universalismo liberal, ora ao relativismo cultural, sob diferentes colorações.

A fim de superar esta dicotomia — e, em certo sentido, esta incompletude — a *teoria da pós-modernidade de oposição*, formulada por Sousa Santos, será adotada como referencial teórico desta obra.

Permeado pela *teoria da tradução*, este enfoque mostra-se apto a promover a articulação entre os elementos capazes de protagonizar uma reinvenção do direito, articulando-o com a ética e com a democracia por meio da realização de uma justiça participativa e emancipatória.

Todos os componentes desta abordagem,[105] a *teoria da pós-modernidade de oposição*, são adotados aqui como pressupostos para a formulação de caminhos possíveis para a realização de uma justiça da emancipação. A mediação comunitária representa uma destas possibilidades e o seu conteúdo será desenvolvido após a exposição dos modelos de realização da justiça, objeto do próximo capítulo.

Conforme já analisado no tópico destinado à crise da Modernidade, o colapso do pilar da emancipação dentro da regulação é resultado do processo pelo qual a emancipação moderna foi reduzida à racionalidade científica e a regulação moderna à lógica do mercado. A crise da Modernidade, em vez de intensificar a tensão dinâmica entre os dois pilares, transformou a emancipação no duplo da regulação.

O argumento de Sousa Santos, ao conceber a *teoria pós-moderna de oposição*, no campo da ciência e no campo do direito, é o de que nós estamos vivendo um momento de transição paradigmática. Nesse sentido, ele afirma, "não há condição pós-moderna, mas momento pós-moderno".[106] E isto é o que o diferencia dos modernos e dos pós-modernos. Vejamos.

Para os modernos, os problemas modernos veiculam modernas soluções, não havendo sentido em se falar em transição paradigmática. As transformações devem operar dentro do alargado limite da Modernidade. Nesta seara, há desde os que afirmam ser a crise o resultado do tipo de Modernidade adotado até os que sustentam que o problema está relacionado à intensidade desta adoção: "Esta é a posição de Habermas, para quem a Modernidade é um projeto inacabado que pode ser realizado".[107]

Para os pós-modernos, porém, a ausência de soluções modernas para os problemas modernos não é o problema, mas a solução, na medida em que revela o quão ilusórias eram as promessas da Modernidade. É a *pós-modernidade celebratória*, conforme criticamente

---

[105] Os elementos da *teoria da pós-modernidade de oposição* serão desenvolvidos de maneira detalhada no capítulo 5 desta obra.
[106] SOUSA SANTOS. *Toward a New Legal Common Sense*, p. 14.
[107] *Idem*, p. 13.

denomina Sousa Santos por sua pretensão em celebrar a realidade tal como ela é.[108]

Enfim, o momento pós-moderno é uma caracterização dos tempos atuais, de transição entre os paradigmas dominantes em crise e a emergência de novos paradigmas. Esta tensão entre a Modernidade dos problemas e a pós-modernidade das possíveis soluções requer uma teoria que seja capaz de reinventar a emancipação social fora dos limites da Modernidade: a *pós-modernidade de oposição*.

Para esta transição, Sousa Santos sugere a adoção de uma concepção pós-moderna que repense a ciência e o direito, posto que ambos são "os núcleos condutores do crescimento, consolidação e declínio da Modernidade ocidental".[109] Talvez aqui esteja a razão pela qual a proposta de Sousa Santos é considerada pós-moderna para os modernos e moderna para os pós-modernos. É que, para o autor, este repensar implica desconstrução, mas também reconstrução. Trata-se de uma posição intermediária, portanto, entre a desconstrução niilista pretendida pelos pós-modernos e a reconstrução das promessas inacabadas aspirada pelos modernos.

É a partir de uma crítica ao direito moderno e seus pressupostos — o monopólio estatal do direito e sua cientificização; bem assim, a despolitização do direito na rígida separação entre Estado e sociedade civil — que Sousa Santos elabora a *teoria pós-moderna de oposição*. Esta concepção veicula elementos capazes de reinventar o direito, em contraposição àqueles pressupostos: ao invés do monopólio estatal, o reconhecimento da pluralidade de ordens jurídicas; em lugar da cientificização positivista do direito, a novíssima retórica e; em detrimento da despolitização do direito sob a rígida dicotomia Estado e sociedade civil, a sua repolitização com o escopo de lhe restituir a energia emancipatória, adotando-se outro critério analítico que inclua novas formas de sociabilidade.[110]

A adoção desta concepção crítica do direito revela a impossibilidade de alinhamento da *teoria da pós-modernidade de oposição* com a abordagem liberal ou comunitária, no âmbito das teorias da justiça. Vejamos.

Em primeiro lugar, a colonização do direito pela ciência, por meio da teoria do positivismo jurídico, é a expressão da racionalidade moderna e, tendo em vista a sua extrema cientificização,

---
[108] *Ibidem*, p. 14.
[109] *Ibidem*, p. 15.
[110] *Ibidem*, p. 16.

transformou-se na antítese do reconhecimento da diversidade de ordens jurídicas. Esta pluralidade é uma realidade que não pode ser traduzida por meio de uma teoria geral. E é aqui que se situa o *multiculturalismo jurídico* concebido por Sousa Santos, que não se alinha ao universalismo liberal, eis que pressupõe uma *teoria da tradução* que se faz presente na *hermenêutica diatópica* e na *novíssima retórica*, ferramentas indispensáveis para o reconhecimento da pluralidade de ordens jurídicas.

Reconhecer esta multiplicidade jurídica, contudo, não implica adotar uma postura relativista, por sua tendência de celebrar a realidade tal qual ela se apresenta, sem distinção entre o que é regulatório do que é emancipatório. Em outras palavras, não se descarta, no seio desta fragmentação, a valorização dos elementos emancipatórios. Aliás, segundo o autor, "de fato, rejeitar o relativismo cultural é talvez o que distingue a pós-modernidade de oposição que eu sustento da pós-modernidade celebratória".[111]

Em segundo lugar, a despolitização do direito pela rígida divisão Estado e sociedade civil é também a expressão do direito moderno regulatório. Para Sousa Santos, "a repolitização do direito é uma condição necessária para devolver ao direito sua energia emancipatória".[112] Para tanto, a variante Estado-sociedade civil deve ser substituída por outro critério analítico: uma estrutura constituída por seis tipos de esferas de relações sociais, as quais veiculam práticas políticas que podem ser transformadoras: o espaço doméstico, a comunidade, o mercado, a cidadania, o espaço da produção e o espaço mundial.[113]

Ao propor a repolitização do direito nestas esferas sociais, fica nítido mais um elemento que distancia a concepção de Sousa Santos dos modernos e dos pós-modernos. Para os primeiros, a despolitização do direito é algo desejável e se faz por meio de sua cientificização, ou seja, trazendo o direito para o campo da ciência e monopolizando-o no Estado. Para os pós-modernos esta despolitização é também positiva na medida em que traz o direito para um campo cultural fragmentado que lida com a experiência jurídica individual e não com a transformação social. Se, de um lado, a capacidade transformadora do direito é reduzida à sua concepção

---
[111] *Ibidem*, p. 17.
[112] *Ibidem*, p. 17.
[113] Para uma melhor compreensão desta estrutura, este tema está desenvolvido no capítulo 5 deste livro.

moderna que o limita ao direito estatal; de outro, a pós-modernidade celebratória a rejeita completamente, pelo processo de desconstrução do direito que reduz a realidade ao que existe.

Nesse sentido, a síntese presente na *pós-modernidade de oposição* considera necessários o reconhecimento da pluralidade de ordens jurídicas e a repolitização do direito para a renovação da tensão dialética entre regulação e emancipação, em um equilíbrio que penda a favor da emancipação, a fim de reinventar a dimensão utópica do direito.

É sob esta perspectiva que esta obra pretende desenvolver não um modelo, mas caminhos possíveis para delinear os traços de uma justiça comunitária para a emancipação. Adotar uma *teoria da tradução* significa reconhecer a impossibilidade de uma teoria geral que se pretenda universal, ao mesmo tempo em que rejeita a fragmentação relativista que não permite distinguir o que é regulatório do que é emancipatório.

Antes, porém, da reflexão sobre os caminhos possíveis e capazes de contribuir para uma reinvenção do direito, articulando-o com uma prática transformadora, serão analisados, a seguir, os modelos de realização da justiça com enfoque nos meios de resolução de conflitos, como pressuposto para o desenvolvimento do núcleo do presente livro, a justiça comunitária para a emancipação.

CAPÍTULO 3

A Realização da Justiça. Modelos de Resolução de Conflitos

Sumário: 3.1 Desjudicialização e explosão de litigiosidade – 3.2 Apresentação e classificação dos meios de resolução de conflitos – 3.2.1 A jurisdição – 3.2.2 A violência – 3.2.3 A conciliação – 3.2.4 A arbitragem – 3.2.5 A mediação – 3.3 O movimento ADR – 3.3.1 Resgate histórico – 3.3.2 Perspectivas críticas

A delimitação do objeto deste capítulo requer, primeiramente, o esclarecimento de quais são os meios de solução de conflitos à disposição da sociedade.

Segundo Azevedo,[114] a processualística atual organiza-se em torno de três espécies de resolução de conflitos: a autotutela ou autodefesa, que implica a dissolução do conflito com a imposição de uma vontade sobre outra pela violência física ou moral; a heterocomposição que enseja a resolução de disputas por meio da imposição de uma decisão de um terceiro a qual as partes encontram-se vinculadas — assim como ocorre no processo judicial e na arbitragem — e, finalmente, a autocomposição.

Os meios autocompositivos são aqueles em que a resolução do conflito decorre da vontade dos próprios envolvidos na situação, sem a intervenção vinculativa de um terceiro, ou seja, sem a emanação de uma decisão unilateral.

Essa autocomposição pode ser impulsionada pela aplicação de técnicas de negociação, conciliação ou mediação. Como todos estes instrumentos podem ser judiciais ou extrajudiciais, a primeira delimitação a ser feita em relação ao objeto da presente análise é a de

---

[114] GOMMA. Perspectivas metodológicas do processo de mediação: apontamentos sobre a autocomposição no direito processual, p. 151-153.

que nem sempre os meios autocompositivos de solução de conflitos correspondem aos meios extrajudiciais — por vezes, denominados "alternativos" — ao Sistema Judiciário.

Ou seja, o critério de classificação que diferencia os meios de solução de conflitos entre judiciais e extrajudiciais pode ser útil para outras análises que levem em consideração a jurisdição como a referência oficial, mas não o será para pesquisas que pretendam investigar quais são os métodos passíveis de geração de energia emancipatória, conforme se verá adiante.

Feita essa ressalva, o próximo passo para a delimitação precisa do objeto deste capítulo, é desvelar a sua finalidade: o propósito, aqui, é investigar quais são os meios de resolução de conflito que, convertidos em práticas comunicativas, podem colaborar para a promoção da emancipação e coesão sociais, da autonomia e do *empoderamento*[115] individuais e coletivos. Trata-se de uma escolha dos métodos de solução de disputas que apresentem vocação para a realização dos princípios constitucionais na realidade social em que o conflito está inserido.

Antes, porém, que se proceda a essa seleção, é preciso traçar um panorama dos principais instrumentos de resolução de disputas colocados à disposição dos cidadãos em conflito, contextualizando-os.

3.1 Desjudicialização e explosão de litigiosidade

As sociedades contemporâneas ocidentais passam por um momento de transformação em relação ao Sistema de Justiça que revela um fenômeno aparentemente paradoxal: de um lado, o acelerado processo e urbanização e o desenvolvimento da sociedade de consumo — e, com ele, o aumento da consciência em relação aos direitos individuais e coletivos — ensejaram uma explosão de litigiosidade[116] que judicializou o social. De outro, é possível constatar um processo de "desjudicialização"[117] da resolução dos conflitos.

---

[115] Conforme se verá no tópico 4.2 do capítulo 4, a palavra *empoderamento*, traduzida do inglês, *empowerment*, será adotada neste livro, à luz da definição talhada por Schwerin, pela qual "O processo de *empoderamento* reúne atitudes individuais (auto-estima, auto-avaliação) e habilidades (conhecimento, aptidões e consciência política) para capacitar ações individuais e colaborativas (participação política e social), a fim de atingir metas pessoal e coletivas (direitos políticos, responsabilidades e recursos)" (SCHWERIN. *Mediation, Citizen Empowerment and Transformational Politics*, p. 56).

[116] Também denominado "o direito em abundância", por Marc GALANTER *apud* PEDROSO; TRINCÃO; DIAS. Percursos da informalização e da desjudicialização – por caminhos da reforma da administração da justiça (análise comparada), p. 14. Disponível na internet no sítio: <http://opj.ces.uc.pt/portugues/relatorios/relatorio_6.html>. Acesso em: 07 maio 2009.

[117] *Idem*, p. 32-33.

O processo de judicialização da esfera social, visível a partir do aumento vertiginoso das demandas judiciais sem a correspondente ampliação dos recursos estatais, elevou a expectativa social em relação ao papel do Sistema de Justiça, que passou a absorver quase que exclusivamente a quota da responsabilidade pela coesão social. Ocorre que este fenômeno atingiu somente uma determinada parcela da sociedade que dispõe de recursos para recorrer ao Sistema de Justiça mediante a violação de um direito. Além disso, essa demanda aumentada foi colonizada por causas numerosas, porém de baixo impacto, como o são as dívidas cobradas pelas prestadoras de serviço público,[118] fato que contribuiu ainda mais para o déficit de celeridade e eficiência que trazem insatisfação aos — poucos — usuários do Sistema de Justiça.

A desjudicialização, por seu turno, ocorre exatamente por força dessa exclusão de uma significativa parcela da sociedade do acesso ao Sistema de Justiça, aliada à fragmentação e complexidade das sociedades contemporâneas que exigem respostas plurais a uma realidade multifacetada. Essa busca por informalização revela uma (re)descoberta de novos meios de resolução de conflitos que não se limitam à atividade jurisdicional e que procuram veicular uma "justiça democrática da proximidade".[119] Compreender esse fenômeno e posicionar-se diante dele é uma tarefa necessária para aqueles que consideram que a criação do direito — mesmo antes da (re)emergência destes meios "alternativos" de solução de conflitos — não é, nem nunca foi, obra exclusiva dos parlamentos e tribunais.

O monopólio estatal da resolução de litígios nunca foi uma realidade. Há um direito vivo, latente, que se traduz na forma como os cidadãos lidam com as adversidades da vida no cotidiano. Afastados dos tribunais, estes conflitos vão sendo solucionados da melhor maneira — nem sempre emancipatória — encontrada pelos seus protagonistas.

Como afirma Aguiar,[120] o direito, que se expressa nas lutas sociais, não se restringe à legalidade estatal, emergindo "em todas as situações onde existam as relações de alteridade, onde os olhares diversos sobre problemas engendrem soluções novas, aberturas

---

[118] Fenômeno que se verifica no Brasil, conforme notícias diariamente veiculadas na imprensa e, em Portugal, conforme SOUSA SANTOS. *Para uma revolução democrática da justiça*, p.27.
[119] *Idem*, p. 59.
[120] AGUIAR. Procurando superar o ontem: um direito para hoje e amanhã, p. 70.

diferentes e consignação de novos direitos".

Conforme pesquisa realizada junto aos Tribunais de Portugal:

> De um ponto de vista sociológico, as sociedades são juridicamente pluralistas na medida em que o direito oficial coexiste com outros direitos que circulam não oficialmente na sociedade, no âmbito das relações sociais específicas, tais como relações de família, de produção e trabalho, de vizinhança, etc. Essa normatividade é freqüentemente mobilizada pelos mecanismos informais de resolução de litígios.[121]

É em meio a este pluralismo jurídico que se contextualiza a (re)emergência dos meios "alternativos" de resolução de conflito que, por si só, não têm por pretensão nem reproduzir a regulação estatal, nem servir de instrumento para a emancipação social, ou seja, nenhum destes meios é, por si, emancipatório tão somente porque se apresenta como alternativa ao sistema oficial.

Embora a utilização de métodos autocompositivos de solução de conflitos não seja uma novidade do século XX,[122] houve um resgate do uso destes meios, nos anos 60/70, nos EUA, reunidos sob a sigla ADR.[123] Este processo foi o resultado de dois movimentos sociopolíticos aparentemente contraditórios. De um lado, o ADR mostrou-se um remédio para lidar com o excessivo número de demandas judiciais que, uma vez não absorvidas pelo sistema oficial, causaram insatisfação e descrédito na justiça. Era o "direito em abundância", expressão cunhada por Galanter[124] para expressar o fenômeno da inflação jurisdicional, verificado em um momento de grande atividade política voltada para a defesa dos direitos. De outro, o movimento ADR constituiu um meio de contestação

---
[121] SOUSA SANTOS; MARQUES; PEDROSO; FERREIRA. *Os tribunais nas sociedades contemporâneas*: o caso português, p. 48.
[122] Conforme Nazareth SERPA, "Começando pelo diálogo até a guerra, são incontáveis e informais os métodos utilizados pela humanidade para pôr fim aos seus conflitos. Os tribunais sempre foram a última opção. ADR não é panacéia do século XX. É a institucionalização do que vem sendo feito, desestruturada e informalmente, em matéria de resolução de disputas em todo século (*Apud* ROMÃO, José Eduardo Elias. *Justiça procedimental*: a prática da mediação na teoria discursiva do direito de Jürgen Habermas, p. 155).
[123] Alternative Dispute Resolution (ADR) ou Resolução Alternativa de Disputas (RAD). Adotar-se-á, nesta obra, a nomenclatura ADR, por ser a mais frequentemente utilizada nas referências citadas neste livro. Outras denominações, entretanto, são possíveis: justiça informal, justiça da proximidade, justiça de vizinhança, justiça popular, dentre outras.
[124] *Apud* PEDROSO; TRINCÃO; DIAS. Percursos da informalização e da desjudicialização – por caminhos da reforma da administração da justiça (análise comparada), p. 14.

da centralidade do monopólio estatal, visando valorizar o espaço comunitário e estimular a participação ativa na solução dos conflitos. O propósito era o de promover a reapropriação da gestão dos conflitos pela comunidade.

Um dos meios adequados a essa retomada da gestão dos conflitos pela comunidade é a autocomposição, por se tratar de um método aberto à produção da normatividade que se constrói nas relações sociais concretas. Nesse sentido, os meios autocompositivos de solução de conflitos implicam a possibilidade de autolegislação, adequando a lei às inúmeras e fragmentadas realidades sociais.[125] Segundo, ainda, Galanter, o acesso à justiça não se limita a proporcionar que todos recorram aos tribunais, mas "implica que se procure realizar justiça no contexto em que se colocam as partes: nesta óptica, os tribunais só desempenham um papel indirecto e, talvez mesmo, menor".[126]

Confere-se, assim, aos cidadãos, a autonomia de participar na formação racional da vontade e da opinião. Sob esta ótica, somente aqueles meios de resolução de conflitos que contemplem a razão comunicativa — ou seja, que garantam a participação com direitos iguais de comunicação, a racionalidade, a exclusão de enganos e ilusões e de coação — é que podem proporcionar a aplicação de um direito válido.[127]

> Todavia, se discursos — e, como veremos, negociações, cujos procedimentos são fundamentados discursivamente — constituem o lugar no qual se pode formar uma vontade racional, a legitimidade do direito apóia-se, em última instância, num arranjo comunicativo: enquanto participantes de discursos racionais, os parceiros do direito devem poder examinar se uma norma controvertida encontra ou poderia encontrar o assentimento de todos os possíveis atingidos.[128]

Assim, o objeto da presente análise é verificar em que medida os meios de solução de conflito são capazes de promover a pacificação das relações sociais, mas também a participação nas

---

[125] HESPANHA. *Justiça e litigiosidade*: história e prospectiva, p. 21
[126] GALANTER, Marc. A justiça não se encontra apenas nas decisões dos tribunais. *In*: HESPANHA, *idem*, p. 75.
[127] ROMÃO. *Justiça procedimental*: a prática da mediação na teoria discursiva do direito de Jürgen Habermas, p. 135.
[128] HABERMAS. *Direito e democracia*: entre facticidade e validade, v. I, p. 138.

decisões políticas; a criação de redes que promovam solidariedade, mas também a autonomia e autodeterminação; a prevenção de litígios, mas sem a pretensão de destruir o potencial transformador dos conflitos. Nesse sentido, não basta delimitar como objeto desta investigação os meios alternativos ao sistema judiciário porque não necessariamente todos eles veicularão os propósitos acima.

A partir de uma apresentação do panorama e da classificação dos meios de resolução de conflitos disponíveis na sociedade, todo o enfoque desta obra estará na mediação comunitária porque, conforme se verá adiante, este mecanismo está em sintonia com o pressuposto desta pesquisa que busca "produzir novos procedimentos que propiciem um acesso à Justiça pelo agir comunicativo, pelo exercício partilhado da autonomia, pela força transformadora do diálogo".[129]

3.2 Apresentação e classificação dos meios de resolução de conflitos

A apresentação dos principais mecanismos de resolução de conflito em um panorama que revele os meios mais aptos a promover emancipação social pode ser feita a partir de um critério de classificação que contenha as variáveis regulatório/emancipatório e estatal/não estatal. A primeira variável se justifica pelo fato de que o objetivo da presente investigação é analisar em que medida as práticas comunicativas estabelecidas entre cidadãos em conflito podem colaborar para a emancipação social. O critério estatal/não estatal, apesar da sua dificuldade — posto que, em uma sociedade complexa, por vezes, essa classificação não se mostra suficiente — tem por finalidade desmistificar a associação de que basta ser comunitária para que a experiência seja emancipatória.

A fim de apresentar um quadro no qual os meios de resolução de conflitos se organizam segundo os vértices estatal/não estatal e regulatório/emancipatório, urge adotar uma definição de direito capaz de abarcar diferentes ordens jurídicas, posto que um dos pressupostos deste livro é o de que o monopólio estatal do direito não se verifica na realidade.

---

[129] ROMÃO. *Justiça procedimental*: a prática da mediação na teoria discursiva do direito de Jürgen Habermas, p. 29.

Adotar-se-á, aqui, a definição talhada por Sousa Santos, pela qual o direito é "um corpo de procedimentos regularizados e de padrões normativos, com base nos quais uma terceira parte previne ou resolve os litígios no seio de um grupo social".[130]

Este conceito amplo permite o reconhecimento de uma pluralidade de ordens jurídicas. Segundo Sousa Santos,[131] apesar de não admitido oficialmente pelo Estado, há, nas sociedades contemporâneas, uma constelação de direitos, vários sistemas jurídicos que regem os conflitos e a ordem social. Neste cenário, estão incluídas diferentes ordens jurídicas internas e transnacionais cujo campo transborda o espaço nacional do direito estatal. Nesse sentido, a unidade estatal não pressupõe a unidade do direito. Este hiato entre o controle político e o administrativo promove a fragmentação e a heterogeneização do Estado e, consequentemente, a perda de sua centralidade, a partir de dois movimentos estatais aparentemente contraditórios: de um lado, a terceirização — ou mesmo privatização de alguns serviços — de suas funções outorgadas à esfera privada. De outro, um retorno à comunidade incentivando as suas organizações sociais. Nas palavras de Sousa Santos, "na situação actual, a centralidade do Estado reside, em grande parte, na forma como ele organiza o seu próprio descentramento".[132] Porque esta perda de centralidade é controlada pelo próprio Estado, há uma unidade regendo a heterogeneidade.

Neste cenário múltiplo de reconhecimento da pluralidade de ordens jurídicas, podemos identificar a variável estatal/não estatal, esta última abarcando as práticas jurídicas levadas a efeito fora do âmbito oficial, ainda que densamente reguladas pelo direito estatal, como é o caso da arbitragem.

Os modelos podem vir a ser classificados, ainda, sob a variável regulatório/emancipatório. Teoricamente, o modelo emancipatório é o campo de exercício da retórica, enquanto que no regulatório impera o direito permeado pela coerção e/ou burocracia. Assim, o grau de "contaminação" ou colonização entre estes elementos

---

[130] SOUSA SANTOS, Boaventura de. O Estado heterogêneo e o pluralismo jurídico. *In*: SOUSA SANTOS; TRINDADE. *Conflito e transformação social*: uma paisagem das justiças em Moçambique, p. 50.

[131] *Idem*, p. 48.

[132] E complementa: "e isso é bem ilustrado nas políticas, por ele apoiadas, de regresso à comunidade e de recuperação da comunidade. Desse modo, a distinção entre o estatal e o não-estatal é posta em questão, o que, naturalmente, só vem tornar ainda mais complexo o debate sobre pluralidade de ordens jurídicas" (*Ibidem*, p. 56).

— retórica, coerção e burocracia — é que define se o modelo é do tipo emancipatório ou regulatório.

O presente capítulo pretende analisar quais as combinações possíveis entre as variantes estatal/não estatal e regulatória/emancipatória. Nada impede que, nas esferas não estatais, haja uma forte prevalência da coerção, em detrimento da retórica. Ou ainda, uma retórica persuasiva em vez de dialógica.[133] Nesse sentido, essas classificações são válidas para guiar o nosso debate, mas deve-se ressalvar que "as dicotomias são um bom ponto de partida se for claro, desde logo, que não são um bom ponto de chegada".[134]

O critério, portanto, de classificação sob as variáveis adotadas obedecerá à articulação entre os três componentes estruturais do direito,[135] bem assim, da natureza da retórica utilizada. Assim, onde há prevalência da retórica dialógica, há o exercício do direito emancipatório. As práticas que privilegiam a coerção e a burocracia serão identificadas como manifestações do direito regulatório. Em um campo intermediário, situa-se a retórica do tipo persuasivo, cujo enfoque se concentra na produção de resultados satisfatórios para as partes.

A adoção dessas duas variáveis nos conduz a desenhar um quadro com quatro campos para a classificação das diferentes ordens jurídicas: a) o direito estatal regulatório; b) o direito estatal emancipatório; c) o direito não estatal regulatório e; d) o direito não estatal emancipatório.

O gráfico apresentado a seguir classifica os diversos modelos segundo os critérios já expostos. Desse modo, temos os seguintes modos de resolução de litígios: 1. a jurisdição; 2. a violência; 3. a conciliação; 4. a arbitragem; 5. a mediação – judicial e comunitária.

---

[133] Segundo SANTOS a *novíssima retórica*, ou retórica dialógica "deve privilegiar o convencimento em detrimento da persuasão, deve acentuar as boas razões em detrimento da produção de resultados" (SOUSA SANTOS. *A crítica da razão indolente*: contra o desperdício da experiência, p. 104-105).

[134] SOUSA SANTOS, Boaventura de. O Estado heterogêneo e o pluralismo jurídico. In: SOUSA SANTOS; TRINDADE. *Conflito e transformação social*: uma paisagem das justiças em Moçambique, p. 61.

[135] Retórica, burocracia e coerção são, na análise de Sousa Santos, os três componentes estruturais do direito que podem se articular sob diferentes combinações, a depender do campo jurídico ou dentro de um mesmo campo. (SOUSA SANTOS, *idem*, p. 50).

Meios de Resolução de Conflitos

	REGULATÓRIO	EMANCIPATÓRIO
Estatal	Jurisdição / Conciliação	Mediação Judicial
Violência	Coerção ← Burocracia ← Retórica Persuasiva	Retórica Dialógica
Não Estatal	Arbitragem	Mediação Comunitária

3.2.1 A jurisdição

Sob o modelo estatal do tipo regulatório, identificam-se os meios de resolução de litígios realizados por intermédio da jurisdição formal. Nele estão incluídas as experiências que, embora denominadas "informais", reproduzem os mesmos pressupostos da jurisdição formal.[136]

A jurisdição formal é, por excelência, palco da justiça da Modernidade, já que inspirada em princípios universais baseados em imperativos de uma razão profundamente intrínseca a todos os seres humanos. Essa é a justiça que, codificada, aplica o mesmo procedimento a casos tão diferentes, com base em deduções racionais advindas da autoridade da lei ou dos precedentes.

---

[136] Tais como as iniciativas de democratização do acesso à jurisdição no Brasil — juizados especiais cíveis e criminais; juizados itinerantes; dentre outros — os quais procuram despir a jurisdição do excessivo formalismo que reveste o rito comum.

Nas democracias ocidentais, uma das fontes de legitimidade do parlamento está no procedimento democrático por meio do qual seus membros são eleitos. O pressuposto é que os indivíduos são livres e racionais, capazes de eleger seus representantes. Esta lógica, quando transferida para a resolução de disputas, é a de que, quando em conflito, os indivíduos — sujeitos de direitos — provocam o Estado para "dizer o direito" no caso concreto. Nesta esfera, os representantes deste Estado legítimo são os juízes que, com imparcialidade e saber jurídico, aplicarão a lei, que fora expedida pelo parlamento democrático, ao caso concreto.

Todo o procedimento judicial é, pois, estruturado para dar cumprimento a esta racionalidade: a) o sistema é adversarial e dialético — porque direcionado a oferecer uma síntese resultante da contraposição de direitos que necessariamente se excluem. Ao final, haverá um vencedor e um vencido; b) é autocrático — posto que pautado na autoridade da lei ditada por um terceiro imparcial também revestido da autoridade estatal; c) tem pretensão universal, porque, conforme adverte Shonholtz, "o tratamento da lei é igual, não respeitando as diversidades cultural, lingüística, étnica, cultural e racial";[137] d) é coercitivo, burocrático e não participativo, na medida em que produz resultados mandamentais, sem que tenha sido dada a oportunidade das partes interessadas se manifestarem livres das amarras e estratégias da linguagem forense traduzida pelos denominados "operadores do direito".

Não raro, os "clientes da justiça" sentem-se excluídos do processo conduzido por seus advogados, os quais fornecem estratégias baseadas na interpretação da lei e no interesse imediato das partes. Muitos clientes ficam intimidados com a formalidade do processo de adjudicação e sentem que não estão aptos a participar de forma ativa. Trata-se da "advocacia ritualística", conforme denomina W. Simon,[138] pela qual "os litigantes não são os sujeitos da cerimônia, mas os pretextos para ela".

O padrão adversarial nem sempre se mostra adequado, na medida em que o sistema binário — considerado pela Modernidade o melhor meio de se atingir a verdade — polariza o debate, distorce a realidade, omite informações importantes, simplifica complexi-

---

[137] SHONHOLTZ. Justice from Another Perspective: the Ideology and Developmental History of the Community Boards Program, p. 203.
[138] *Apud* MACFARLANE. *An alternative to what?*, p. 5.

dades e obscurece, ao invés de clarificar. Carrie Menkel-Meadow[139] argumenta que a pós-modernidade é marcada por uma realidade multicultural que apresenta problemas complexos, os quais requerem soluções multifacetadas nem sempre fornecidas pelas cortes. Neste cenário múltiplo, verifica-se que as disputas envolvem mais que duas faces do problema ou, ainda, mais que duas partes. Toda esta complexidade é distorcida quando o conflito é analisado sob uma estrutura binária. Nesse sentido, é preciso explorar alternativas de modelos para que os processos legais respeitem as características da pós-modernidade.

Apesar de sua longevidade, o padrão adversarial como um modo do discursar humano e como uma ferramenta para se buscar a verdade parece ter entrado em crise. O problema está em saber se a verdade existe fora daquilo que se conhece. No mundo atual, marcado pela complexidade, fragmentação e multiplicidade, não há como sustentar a imutabilidade ou universalidade dos fatos e valores. Seria possível fixar a verdade? Sentidos são "descobertos" ou estabelecidos contextualmente? As pessoas cuja tarefa é "encontrar" a verdade — juízes, jurados, a mídia, ou mesmo os cientistas — possuem interesses sociais, econômicos, políticos, raciais, de gênero que afetam a forma como eles veem o mundo. Este novo olhar que questiona a objetividade e neutralidade traz sérias consequências para o modelo adversarial baseado na imparcialidade, neutralidade e inércia dos juízes. Para Menkel-Meadow, a realidade da vida não pode ser reconhecida pela "verdade", mas por meio de múltiplas histórias e deliberações. Há que se pensar em caminhos que possibilitem mais vozes, mais histórias e mais complexas versões da realidade.

É possível identificar uma alta intensidade regulatória na jurisdição formal, tendo em vista a presença dos elementos da burocracia e da coerção, em detrimento da retórica. Urge, assim, apontar outros meios capazes de realizar a justiça para a emancipação, fora do âmbito jurisdicional, cujo palco é a comunidade e o protagonista o cidadão comum.

O fato de a jurisdição pertencer ao campo do direito regulatório, contudo, não significa que o seu exercício não possa contribuir para a emancipação. Em situações extremas, nas quais os conflitos

---

[139] MENKEL-MEADOW. The Trouble with the Adversary Sistem in a Postmodern, Multicultural World, 2001.

repousam na violência e na eliminação da divergência pela força, a jurisdição revela-se um instrumento hábil a conferir uma decência na regulação, protegendo direitos e garantindo a realização da justiça.

3.2.2 A violência

Com a retração das instituições em razão da centralidade do mercado,[140] outros núcleos de emanação do poder e de resolução de conflitos emergem. Em um cenário de pluralismo jurídico, as experiências oscilam entre a prevalência da regulação e/ou da emancipação. Muitas delas, entretanto, não se localizam nas extremidades desta polaridade. Sob uma mesma experiência de resolução de conflitos, podemos identificar elementos regulatórios e emancipatórios, a depender da articulação dos elementos coerção, retórica e burocracia.

Antes de tecer considerações a respeito da violência e suas práticas regulatórias privadas efetivadas no âmbito da resolução de conflitos, urge compreender o fenômeno da emergência dos fascismos societais de uma forma geral.

Diante do enfraquecimento da regulação estatal, o Estado é, hoje, um campo de disputas de diferentes projetos e interesses, no qual novas formas de fascismo societal buscam consolidar suas regulações despóticas, privatizando a esfera estatal. A seguir, serão explicitados os vários tipos de fascismos societais, identificados por Sousa Santos.[141]

O primeiro deles é o *apartheid social*. Trata-se da segregação, no espaço urbano, dos excluídos que vivem em zonas consideradas "selvagens", onde impera a lei do Estado de natureza hobbesiano. Neste espaço, o Estado age de maneira predatória, sem qualquer observância aos princípios do Estado de Direito. Do outro extremo, os cidadãos incluídos no contrato social buscam proteção do constante perigo que emana das zonas segregadas, fechando-se em guetos nos quais se faz presente a ação estatal, por meio do fornecimento dos serviços públicos garantidores do bem-estar social, ainda que muitas vezes de forma insatisfatória. Este duplo padrão de atuação estatal, a depender da zona destinatária, é o que constitui a segunda forma de fascismo, o do *Estado paralelo*.

---

[140] Conforme analisado no tópico 1.2, do capítulo 1 destinado à crise da Modernidade.
[141] SOUSA SANTOS. Reinventar a democracia. *Cadernos Democráticos*.

O terceiro tipo é o denominado *fascismo paraestatal*, que se caracteriza pela usurpação das funções regulatórias estatais por agentes privados. Na sua vertente *contratual*, há uma tendência em se contratualizar as relações sociais, o que implica a desproteção da parte mais vulnerável. Como exemplo, as tentativas neoliberais de "civilizar" — leia-se dotar de natureza civil — os contratos laborais e o direito previdenciário, ou ainda a terceirização de alguns serviços básicos que são efetivados sem qualquer controle ou participação democráticos.

Há, ainda, um quarto tipo denominado *fascismo populista*. São as promoções de incentivo ao consumismo e a apologia a um estilo de vida absolutamente inacessível à maior parte da população. Esta busca pela satisfação dos sonhos pessoais "a qualquer preço" desintegra as possibilidades de criação de redes de solidariedade e de desenvolvimento de uma ética da alteridade.

A quinta forma de fascismo social é a da *insegurança*. É o déficit das expectativas futuras em relação às experiências do presente.[142] Este fenômeno gera uma ansiedade que se resolve no setor privado, que comercializa a segurança. Como exemplo, o crescimento dos contratos de seguro — em especial nas áreas da previdência e da saúde — e o crescimento vertiginoso da indústria da segurança privada.

Por fim, o *fascismo financeiro*. Refratários a uma intervenção democrática, os agentes controladores do mercado financeiro podem provocar abalos econômicos irreversíveis e definir os rumos políticos de vários países. Como exemplo mais recente, a crise econômica mundial que eclodiu em outubro de 2008.

É sobretudo em razão dos fascismos do *apartheid social* e do *Estado paralelo* que algumas formas de resolução de litígios — estatais ou não — reproduzem um modelo no qual imperam a violência e a coerção em detrimento da retórica. São experiências que ora são efetivadas em uma esfera não estatal, muito embora com a anuência passiva do Estado, ora sob a sua cumplicidade ativa. Tais práticas têm assento em um pilar regulatório, na medida em que funcionam por meio de mecanismos de controle, tutela e coerção.

Na esfera privada, portanto, não é o perfil do agente social, nem o fato de ser "alternativo" e muito menos comunitário que determina se as formas de resolução de litígios são do tipo regulatório ou emancipatório. Nesta seara, indispensável é a advertência feita

---

[142] Conforme já desenvolvido no tópico 1.2 do capítulo 1 destinado a analisar a crise da Modernidade.

por Sousa Santos, para quem "formas jurídicas não hegemônicas não são necessariamente contra-hegemônicas".[143]

A violência como meio de resolução de conflitos pode assumir diversas colorações. No seu extremo, temos aquela realizada por um fascismo social local, que opera segundo as regras da denominada *sociedade civil não civil*.[144] Não há qualquer exercício da retórica e o poder de decisão acerca dos conflitos é monopólio dos membros da comunidade que a controlam pela imposição do silêncio, do medo e das armas. Como exemplo, os chefes do tráfico de drogas nas favelas brasileiras, que destroem o sentido da comunidade a partir da negação do outro.

A justiça desenvolvida segundo os ditames do fascismo social opera por meio da violência, e sua retórica é a arma. O julgador, terceiro a substituir a vontade das partes, não se pretende imparcial. Ao contrário, trata-se de uma justiça politizada e parcial, na medida em que o julgador não atua segundo orientação da justiça, mas do controle da política. A justiça do fascismo societal não oferece um segundo grau de jurisdição; qualquer questionamento da decisão pode implicar eliminação física do queixoso, mesmo porque este modelo comunitário adota, em alguns casos, a pena de morte como uma das formas de punição. A violência — estatal ou não — é, pois, a manifestação mais extremada da justiça, praticada sob um viés regulatório.

3.2.3 A conciliação

Em uma zona intermediária, mais próxima do exercício da retórica persuasiva, encontra-se a conciliação, como um meio de resolução de conflito também pertencente ao campo regulatório. Embora tecnicamente a conciliação seja uma modalidade de autocomposição

---

[143] "Ao contrário, elas podem estar a serviço do direito hegemônico contribuindo para a sua reprodução sob novas condições e acentuar ainda mais seus traços de exclusão". Para o autor, há muita legalidade sendo gerada — direito tradicional, direito indígena, direito comunitário, direito popular, etc. "O teste para se saber se o pluralismo legal conduz à legalidade cosmopolita ou não, é verificar se ele contribui para reduzir a desigualdade das relações de poder, reduzindo, deste modo, as exclusões sociais ou promovendo a qualidade da inclusão social ou se, ao contrário, se consolida trocas desiguais e reproduz exclusão social" (SOUSA SANTOS. *Toward a New Legal Common Sense*, p. 468).
[144] Segundo Santos, "a *sociedade incivil* é o círculo exterior habitado por aqueles que estão completamente excluídos. Eles são socialmente invisíveis. Este é o círculo do social fascismo e, a rigor, aqueles que o habitam não pertencem à sociedade civil, na medida em que foram jogados no novo Estado de natureza. Eles não têm expectativas estáveis porque, na prática, não possuem direitos" (*Idem*, p. 457).

do conflito, uma vez que dispensa o pronunciamento unilateral do juiz sobre o mérito da causa, a condução do procedimento é atribuída a um terceiro — juiz, juiz leigo ou conciliador privado — com poderes para sugerir, ponderar, aconselhar as partes quanto à melhor solução para o conflito.

Sem prejuízo de que a conciliação pode ocorrer em uma esfera privada, a tentativa de conciliação judicial está prevista na legislação brasileira como uma etapa obrigatória, tanto no procedimento ordinário — art. 331 do Código de Processo Civil — quanto no rito previsto na Lei de Juizados Especiais — art. 21 da Lei nº 9.099/95 – bem assim, no art. 846 da CLT. Além disso, em geral, o que se verifica é que o objeto da conciliação judicial encontra seus limites no próprio objeto da lide. De qualquer sorte, sendo ou não judicial, a atuação do conciliador é interventiva, na medida em que seu papel é o de estimular as partes para que cheguem a um acordo, sugerindo alternativas e condições para a resolução do conflito, interferindo, assim, na composição amigável.

Conforme se verá adiante quando da análise da mediação, enquanto na conciliação o objetivo é a celebração de um acordo para evitar um processo judicial, na mediação, o acordo não é a meta, mas a — provável — resultante de um processo de comunicação sobre os reais interesses que se escondem sob a rigidez das posturas assumidas pelas partes em conflito.

Conforme Warat, a conciliação limita-se a atuar na disputa das posições, não no conflito e em suas circunstâncias.

> ...a conciliação e a transação não trabalham o conflito, ignoram-no, e, portanto, não o transformam como faz a mediação. O conciliador exerce a função de 'negociador do litígio', reduzindo a relação conflituosa a uma mercadoria. O termo de conciliação é um termo de cedência de um litigante a outro, encerrando-o. Mas, o conflito no relacionamento, na melhor das hipóteses permanece inalterado, já que a tendência é a de agravar-se devido a uma conciliação que não expressa o encontro das partes com elas mesmas.[145]

Embora opere com elementos da retórica, a conciliação é do tipo persuasivo o que afasta a sua consideração nesta obra como um meio de resolução de conflitos de alta intensidade emancipatória.

---
[145] WARAT. *O ofício do mediador*, p. 79-80.

3.2.4 A arbitragem

Conforme afirma Moore, arbitragem é um termo genérico para um processo voluntário em que as pessoas em conflito submetem a questão objeto de controvérsia a uma terceira parte imparcial e neutra para que tome uma decisão por elas. O instituto, segundo previsão na legislação brasileira,[146] é definido como um processo formal pelo qual as partes, de comum acordo, aceitam submeter o litígio envolvendo direito patrimonial disponível a um terceiro, cuja decisão terá observância obrigatória. A sentença arbitral produzirá os mesmos efeitos que a sentença proferida pelos órgãos do Poder Judiciário, constituindo, inclusive, título executivo, quando condenatória.

Tendo em vista que o papel do árbitro é o de adjudicação, este instrumento tampouco será objeto de análise neste livro, posto que sua estrutura segue o padrão do processo judicial, já desenvolvido no item 3.2.1 deste capítulo. O paradigma que se revela na arbitragem é o de uma estrutura piramidal-coercitiva, sendo que no vértice desta relação, em vez do estado-juiz, está o árbitro escolhido pelas partes nos contratos celebrados à luz do direito privado.

3.2.5 A mediação

Com precisão e simplicidade, Littlejohn afirma que "mediação é um método no qual uma terceira parte imparcial facilita um processo pelo qual os disputantes podem gerar suas próprias soluções para o conflito".[147]

Segundo a sistematização de Garrett,[148] mediação é um processo voluntário de resolução de conflitos, no qual um terceiro coordena as negociações entre as partes. Diferentemente do juiz, o mediador não tem autoridade para impor a decisão sobre os disputantes. Ao contrário, o mediador conduz o processo, por meio da discussão do problema, dos temas que precisam ser resolvidos e das soluções alternativas para a solução do conflito. As partes, entretanto, é que decidem como construirão o consenso.

---

[146] Conforme previsão na Lei nº 9.307, de 23.09.1996.
[147] LITTLEJOHN. Book reviews: the Promise of Mediation: Responding to Conflict Through Empowerment and Recognition. by Roberto A. B. Bush and Joseph. P. Folger, p. 103.
[148] GARRETT. Mediation in Native America, p. 40.

Vê-se, pois, que o núcleo do conceito de mediação, não obstante as diferentes abordagens acerca de sua metodologia, contém, basicamente, os seguintes elementos: a) processo voluntário; b) mediador como terceira parte desinteressada; c) mediador sem poder de decisão; d) solução talhada pelas partes em conflito.

Mais completa, contudo, é a análise de Schwerin[149] que reúne os elementos da mediação a partir das suas finalidades. Para o autor, trata-se de um processo:

i. apto a lidar com as raízes dos problemas;
ii. não coercitivo;
iii. voluntário e permite aos disputantes resolverem seus problemas por eles próprios;
iv. mais rápido, barato e igualitário;
v. desenvolve a capacidade de comunicação entre os membros da comunidade;
vi. reduz o congestionamento das cortes;
vii. reduz as tensões na comunidade;
viii. não burocrático e flexível;
ix. os mediadores não são profissionalizados, eles representam a comunidade e compartilham os valores, não sendo estranhos aos disputantes;
x. um veículo de *empoderamento* da comunidade e um estímulo às mudanças sociais.

Posto que voltada para a construção do consenso, a mediação sugere que quando há conflito, disputas e dificuldades humanas, há a oportunidade para a reconciliação, a comunicação, o entendimento, o aprendizado. O paradigma visivelmente presente na proposta da mediação desafia o sistema oficial de resolução de disputas baseado na lógica adversarial, o qual pressupõe um sistema binário, dialético, pelo qual as partes confrontam-se perante uma autoridade cuja decisão será coercitiva e amparada no ordenamento legal.

A lógica da mediação, ao contrário, obedece a um padrão dialógico, horizontal e participativo, o qual inaugura um novo enfoque para o tema da realização da justiça.

As soluções construídas pelas partes envolvidas no conflito podem ser talhadas além da lei. Quando os protagonistas do conflito inventam seus próprios remédios, em geral, não se apoiam na letra da lei porque seu pronunciamento é por demais genérico

---
[149] SCHWERIN. *Mediation, Citizen Empowerment and Transformational Politics*, p. 21.

para observar a particularidade dos casos concretos. Há, pois, a liberdade de criar soluções sem as amarras dos resultados impostos pelo ordenamento jurídico. Nesse sentido, as partes, antes alheias ao processo de elaboração das leis, "legislam" ao constituir suas próprias soluções não somente para enfrentar os conflitos já instaurados, mas para evitar adversidades futuras.[150]

Por tais razões, poder-se-ia afirmar que, mesmo nos modelos atrelados ao sistema judicial, a estrutura da mediação pode veicular, em sua gênese, um potencial emancipatório, na medida em que sua lógica subverte o padrão adversarial do sistema oficial. Contudo, além da mediação processual ser um instrumento voltado tão somente àquela camada social que tem acesso ao Sistema de Justiça, a intensidade da energia emancipatória que pode ser produzida nas experiências concretas estará intimamente ligada à adoção do espaço comunitário como *lócus* preferencial, conforme se verá adiante.

3.3 O movimento ADR

Os tópicos seguintes deste capítulo dedicam-se a analisar a emergência e o desenvolvimento de métodos alternativos de resolução de litígio — a conciliação, a arbitragem e a mediação — que, reunidos sob o movimento denominado *Resolução Alternativa de Litígios* (RAL) ou *Alternative Disputes Resolution* (ADR), procuram realizar a justiça fora dos limites da jurisdição ou em articulação com o sistema jurisdicional.

Como algumas destas experiências operam no âmbito privado sem qualquer vínculo com a esfera estatal, e outras têm sido levadas a efeito pelo Estado em articulação com a jurisdição, sua classificação não segue um padrão rígido sob a variação estatal/não estatal. Da mesma forma, a depender da intensidade e do tipo de retórica utilizada — dialógica ou persuasiva — estes modelos estarão classificados sob o campo da regulação ou da emancipação.

Adler[151] estabelece uma interessante comparação entre os meios de resolução alternativa de conflitos reunidos sob a sigla ADR e o movimento alternativo de saúde holística. Para ele, este último nasce a partir das críticas ao sistema oficial: ineficiente e excludente

---

[150] Isto não quer dizer, por óbvio, que a mediação seja um instrumento voltado para o "fazer justiça com as próprias mãos", o que poderia, em alguns casos, configurar o crime de "exercício arbitrário das próprias razões", conforme art. 345 do Código Penal Brasileiro. Na verdade, trata-se de um "fazer justiça com múltiplas vozes".
[151] ADLER. Is ADR a Social Movement?, p. 65.

do ponto de vista social. Diante desta crise, ressurgiu o interesse por saúde preventiva na comunidade; autoajuda; saúde holística, dentre outros. O mesmo processo se verifica no movimento alternativo de resolução de disputas. Assim como a saúde preventiva enfatiza a importância de se conhecer métodos para evitar e lidar com as doenças, o mesmo papel pode ser atribuído aos instrumentos alternativos de resolução de disputas.

A seguir, será realizado um resgate histórico da experiência norte-americana, no tocante ao uso da mediação e dos demais meios alternativos de resolução de conflitos. A adoção daquele país como referência se justifica uma vez que, conforme já demonstrado, é nos EUA que o movimento ADR, resgatando métodos milenares de resolução de conflitos, teve sua origem.

3.3.1 Resgate histórico[152]

O desenvolvimento da arbitragem e da mediação, nos EUA, como técnicas alternativas ao sistema oficial, revela duas facetas de um mesmo movimento. De um lado, um resgate da ideologia da justiça comunitária sem a formalidade da lei, um processo baseado na responsabilidade e confiança mútua entre os membros da comunidade. De outro, um meio de conter os movimentos sociais emergentes, sobretudo os grevistas do início do século e os contraculturais dos anos 60 e 70.

As primeiras iniciativas foram levadas a efeito por colonos e, posteriormente, imigrantes, os quais buscavam, sobretudo na mediação comunitária, um meio de preservar seus valores e tradições culturais. Apesar da variedade de características entre si, os fundadores de Dedham (comunidade utópica do séc. XVII em Massachusetts); Quakers (comunidade utópica do séc. XIX), os chineses na costa oeste, em especial em São Francisco, os judeus em Manhattan, os holandeses em Nova Amsterdã e os Escandinavos no Centro-Oeste partilhavam de um comum pressuposto: "a lei começa onde a comunidade termina".[153]

---

[152] A descrição deste processo histórico está bastante detalhada, a fim de demonstrar a ambiguidade do movimento. Apesar de voltadas para o resgate da vida comunitária, em especial nos anos 60/70, as experiências a seguir ilustradas de mediação e arbitragem, em geral, seguiram padrões que oscilaram entre o autoritarismo religioso e a cooptação estatal dos movimentos sociais. Há que se ressaltar, ainda, que o resgate histórico aqui registrado foi todo baseado na obra de AUERBACH. *Justice without Law*?.
[153] AUERBACH. *Justice without Law*?, p. 5.

Colonos dos EUA entendiam que disputas legais sob um padrão adversarial eram um componente destrutivo para a coesão e solidariedade do grupo, elementos fundamentais para o cumprimento da missão em novas terras.[154] Os puritanos[155] fundaram a noção de que os conflitos não deveriam ser solucionados no âmbito individual, mas no coletivo, por intermédio da aplicação da palavra de Deus. Para tanto, utilizavam-se de um sistema consensual e não adversarial. A adjudicação era vista como uma forma de individualização contrária aos melhores interesses da comunidade e aos ensinamentos cristãos. Lei, nas palavras de um ministro colono, era "um coração sem afeto, uma mente sem paixão".[156] Para os puritanos de Dedham, uma comunidade estabelecida em 1636, em Massachusetts, o dissenso era uma intolerável afronta, uma séria ameaça à unidade e à harmonia da comunidade. Entre estes religiosos, as igrejas funcionavam como cortes porque resolviam uma variada gama de disputas, incluindo demandas de natureza comercial, familiar e relativas à disputa de propriedade.

Nenhuma retórica da harmonia, porém, pôde suprimir os inúmeros litígios emergentes na sociedade colonial americana que, no fim do século XVII, demonstrava os primeiros sinais de ingresso na Modernidade. Ao contrário, as aspirações desenvolvimentistas dos colonos estimulavam o incremento da cultura legal americana. A lei fornecia uma estrutura de estabilidade, ordem e autoridade que sustentava a busca por vantagens pessoais. Os indivíduos, inseridos em um contexto de desenvolvimento, preferiam a disputa por seus interesses pessoais a restaurar a coesão comunitária. Para a solução destes novos litígios, as igrejas foram substituídas pelas cortes oficiais e os mediadores, por advogados.

Em face da diversidade de grupos sociais convivendo nos mesmos centros urbanos, a lei, com sua função uniformizadora, era um meio de conduzir e ordenar indivíduos em competição para a Modernidade. Em uma sociedade cada vez mais fragmentada, o monopólio estatal da administração dos litígios era o veículo capaz de assegurar uma estabilidade em meio ao conflito. Com um crescente nível de atividade comercial, diversidade religiosa e disputa em torno de propriedades, houve uma guinada em direção

---

[154] *Idem*, p. 20.
[155] *Ibidem*, p. 21. Trata-se dos cristãos ortodoxos que deixaram a Inglaterra para escapar da "avidez e desintegração social" promovidos pela — por eles considerada — "impura" Igreja anglicana.
[156] *Ibidem*, p. 22.

à lei diante do risco de um nível intolerável de conflitos insolúveis. A sociedade colonial mudara diante do desenvolvimento da legalidade, mas os fóruns alternativos de resolução de disputa permaneceram disponíveis, embora sem a centralidade de outrora.

Após a Guerra Civil,[157] contudo, a explosão de demandas trabalhistas e a turbulência nas relações raciais redefiniram as experiências alternativas de resolução de disputas — em especial, a arbitragem — as quais, agora, representavam um remédio para o congestionamento dos tribunais e um meio de conter os conflitos sociais. Os litígios advindos dos contratos laborais firmados entre brancos e negros recém-libertos da escravidão eram encaminhados à arbitragem, cujo processo era controlado por uma maioria branca. De um lado, as cortes oficiais eram reservadas aos conflitos entre brancos. De outro, a arbitragem era voltada para a resolução dos conflitos entre brancos e negros, sob uma pretensa facilidade de acesso à justiça e igualdade de tratamento. Nenhuma informalidade, entretanto, era capaz de remediar os efeitos de uma profunda discriminação racial e desigualdade econômica. Ao contrário, ambos os sistemas, oficial e "alternativo", reforçavam a supremacia branca.

Embora tenha havido uma valorização da arbitragem sob o controle do Estado, durante o turbulento fim do século XIX, a cultura da legalidade manteve-se como um instrumento de coesão social utilizado por uma maioria branca e capitalista para lidar com um rápido e caótico crescimento da industrialização, os conflitos de classe, a instabilidade política e social, a imigração. O papel da lei oferecia uma alternativa à turbulência social e à fragmentação cultural.

Durante os primeiros anos do século XX, os EUA receberam milhares de novos imigrantes. Eram italianos, russos, poloneses, romenos, búlgaros, gregos e armênios, entre outros, à procura de estabilidade e oportunidade. Todos, porém, resistiram em litigar em processos judiciais oficiais por não acreditarem que o sistema legal anglo-saxão e a relação adversarial pudessem proporcionar justiça.

Apesar da prática da mediação entre algumas comunidades de imigrantes, o sistema judicial oficial não perdeu a sua centralidade, muito embora fosse frequente a insatisfação em razão de sua

---

[157] A Guerra Civil Americana ou Guerra de Secessão, ocorrida entre 1861 e 1865, resultou do confronto entre a crescente industrialização de alguns Estados do Norte e os interesses escravocratas e latifundiários de alguns Estados do Sul.

ineficiência, morosidade, ausência de flexibilidade e custo elevado. Neste cenário, o interesse por métodos alternativos foi novamente renovado, em especial a conciliação e a arbitragem. A primeira, destinada a pessoas pobres sem acesso material ao sistema oficial e a arbitragem, para temas de interesse comercial.

O mesmo sistema segregacionista implantado após a Guerra Civil se verificou no fim do século XIX e início do século XX, durante os conflitos entre capital e trabalho. A arbitragem foi um instrumento utilizado pelo *establishment* para neutralizar a organização operária e suas greves.[158] Era uma fórmula para tentar quebrar o ciclo de resistência dos trabalhadores, agora organizados em movimentos sindicais. Na perspectiva dos operários, a arbitragem individual enfraquecia a força do movimento e as demandas deveriam ser encaminhadas para negociações coletivas.

Neste cenário de resistência popular à arbitragem, um novo movimento de conciliação surgiu em Cleveland, em 1913. A depender do valor da causa, as partes compareciam diante do juiz desacompanhadas de advogado; havia um apelo à razoabilidade para que as partes resolvessem seus conflitos pelo consenso; o procedimento era mais informal e voluntário e, uma vez não obtido acordo, a disputa era encaminhada à Corte. Rapidamente, este modelo foi reproduzido em Chicago, Nova Iorque, Filadélfia. A retórica da conciliação enfatizava a harmonia e a amizade como alternativas ao conflito. A adjudicação, por seu turno, era concebida como uma forma de inflacionar e perpetuar o desentendimento. Conforme registro de um editorial à época, era um "movimento em direção à justiça apesar dos advogados".[159]

A conciliação era totalmente compatível ao sistema legal porque fazia parte do procedimento judicial, em sua fase preliminar. Com os juízes no controle, os procedimentos informais seguiam os princípios da lei substantiva, sem riscos de arbitrariedades. Uma vez voltada àqueles que não tinham condições financeiras de arcar com o procedimento ordinário, a conciliação ficou estigmatizada como uma prática da periferia da cultura legal.

Já a arbitragem, então com traços nitidamente comerciais, foi recepcionada como parte do sistema formal. Os interesses mercantis, por volta de 1920, eram confundidos com os interesses da nação.

---
[158] Trata-se das greves ocorridas entre 1886 e 1894. AUERBACH. *Justice without Law?*, p. 62.
[159] *Idem*, p. 98.

A sociedade ideal era vista como aquela na qual imperavam a liberdade e a prosperidade nos negócios. O procedimento judicial era tido como algo que obscurecia os templos da justiça com um modelo do passado, um obstáculo ao progresso e às novas exigências comerciais. O desenvolvimento da arbitragem comercial respondia a duas expectativas: a de dar às resoluções dos conflitos a velocidade que o mercado exigia e a de neutralizar a regulação estatal nas atividades comerciais.[160]

Mas, embora nítida a preferência dos comerciantes pela arbitragem livre da regulação estatal, não era possível manter um sistema completamente independente. Diante do crescimento da participação dos advogados no processo de arbitragem, na qualidade de conselheiros ou árbitros e, ainda, frente ao aumento do volume de casos levados à arbitragem, uma nova lei de arbitragem impôs uma maior regulação estatal ao procedimento.

A proteção do interesse público, sobretudo após a crise econômica de 1929, exigia mais supervisão estatal sobre as atividades privadas, contra o excessivo individualismo e a autonomia corporativa. O medo do fascismo e do nazismo fortalecia a crítica à excessiva autonomia da esfera privada. Em última instância, a arbitragem poderia vir a se transformar em um mecanismo extralegal de poder privado, perigoso para a estabilidade das liberdades civis. Apesar disso, a arbitragem comercial resistiu e, em 1950, quase 3/4 dos conflitos comerciais eram solucionados por meio deste instituto.[161]

Apesar desta visível prevalência regulatória nas experiências até aqui narradas, o interesse pelos métodos alternativos de resolução de disputas foi retomado nos EUA, entre os anos 60 e 70. Ao mesmo tempo em que os movimentos sociais — articulados na defesa dos direitos civis — lutavam pela democratização do acesso à justiça, a participação política da comunidade e o *empoderamento*, promovidos pela mediação comunitária, tornaram-se as principais metas dos defensores da justiça popular.

Parte das experiências comunitárias norte-americanas iniciadas neste período inspirou a implantação de outros programas, em especial na França, conforme narra Bonafé-Schmitt.[162]

Algumas iniciativas no campo da mediação foram levadas a efeito, na França, sobretudo após a vitória do Partido Socialista

---
[160] *Ibidem*, p. 102.
[161] *Ibidem*, p. 114.
[162] BONAFÉ-SCHMITT. Alternatives to judicial model.

em 1981. O objetivo não era o de corrigir as disfunções do sistema judicial, mas buscar uma maior integração social. Em vez de se promover um acesso mais amplo à justiça oficial, a meta era reduzir as tensões sociais e construir redes de solidariedade por meio do desenvolvimento de mecanismos para maior participação dos cidadãos na resolução dos conflitos e para o desenvolvimento das relações sociais.

Até então, a tendência predominante era patrocinada por um Estado intervencionista cujo papel na implantação de programas de mediação era primordial. A partir deste novo enfoque, o que se buscou foi dar um novo ímpeto às dinâmicas sociais e a mediação deixou de ser concebida como um instrumento técnico voltado para a administração de conflito e passou a funcionar como um elemento de transformação social.

Nesse sentido, Bonafé-Schmitt discorda das críticas dos autores que enxergam na mediação uma forma de o Estado manter o controle da sociedade civil. Ele afirma que há muitos programas que trabalham a mediação na perspectiva do *empoderamento* e, como tais, ressuscitam o conceito de comunidade e de solidariedade. Como exemplo, o autor cita a Associação SOS agressão-conflito em Paris e as *boutiques de droit*, ambos inspirados no Programa de Conselhos Comunitários de São Francisco — EUA.

Este resgate fornece elementos para concluir que, historicamente, a mediação comunitária não tem revelado o seu potencial transformador. Isto porque muitas das experiências narradas foram levadas a efeito por grupos religiosos cuja tradição repousa em relações hierárquicas e patriarcais. E, quando conduzida pelo Estado, a mediação comunitária serviu de pretexto para neutralizar a organização dos movimentos sociais.

Contudo, conforme análise de Bonafé-Schmitt, isto não significa afirmar que a mediação comunitária não possa ser um instrumento de emancipação social, tanto nas hipóteses em que a experiência é conduzida pela comunidade de maneira autônoma, quanto naquelas em que o Estado a promove em parceria com a comunidade.

Um dos critérios que mede a intensidade emancipatória ou regulatória da mediação não é, portanto, a variável estatal/não estatal, mas se este meio de resolução de conflitos é do tipo *agência* — e, como tal, atrelada ao processo judicial — ou se é *comunitária*. Este, aliás, é o centro da discussão entre as variadas vertentes na mediação, conforme será debatido no próximo capítulo. Antes, porém, é essencial que as críticas destinadas aos meios alternativos de resolução de conflitos sejam expostas para melhor compreensão da abordagem ideológica adotada nesta obra.

3.3.2 Perspectivas críticas

Em resumo, as críticas direcionadas aos métodos alternativos de resolução de disputas convergem em um mesmo sentido e revelam uma concepção marxista-ortodoxa, pela qual o Estado burguês é um mero instrumento de dominação de uma classe sobre a outra. Basicamente, os seus autores afirmam que a proposta é uma máscara ideológica, na medida em que obscurece as verdadeiras raízes estruturais dos conflitos sociais, os quais são tratados com soluções superficiais e individuais. Ademais, sustentam, os membros da comunidade preferem as decisões advindas das cortes porque elas compensam as desigualdades de poder entre os litigantes. Assim, a justiça comunitária é apenas uma forma nova e sutil de garantir a manutenção do *status quo*, por meio da regulação estatal.

Pedroso destaca que muitos destes críticos denunciam a "ideologia da harmonia", que não leva em conta a desigualdade dos poderes dentro da sociedade e nega o conflito ao não prevenir sua causa, mas tão somente a sua expressão. Esses autores sustentam que esta ideologia reduz os conflitos sociais a meros problemas de comunicação e os litígios sobre direitos a meras divergências afetivas.[163]

No mesmo passo, Abel[164] sustenta que, ao deslocar os conflitos para o âmbito pessoal, estas iniciativas minimizam a resistência coletiva, o que acaba por reforçar e legitimar o sistema judicial.

Baskin[165] afirma que, ao transferir a regulação para a comunidade, o Estado torna nebulosa a separação entre as esferas pública e privada. A mediação comunitária reduz os conflitos sociais a problemas de âmbito individual e considera a base dos conflitos — o racismo, o sexismo, a pobreza — como meras falhas de comunicação entre os indivíduos ou acidentes pessoais. Também para Fitzpatrick,[166]

---

[163] E acrescenta: "A ideologia da harmonia é portadora de um certo modelo de sociedade baseado na crença que todos partilham os mesmos objectivos, os mesmos valores, o que favoreceria a pacificação das comunidades por meio do controle exercido pela própria sociedade" (PEDROSO; TRINCÃO; DIAS. Percursos da informalização e da desjudicialização – por caminhos da reforma da administração da justiça (análise comparada), p. 40).

[164] ABEL. Conservative Conflict and the Reproduction of Capitalism: The Role of Informal Justice.

[165] BASKIN. Community Mediation and the Public/Private Problem, p. 102.

[166] FITZPATRICK. The impossibility of Popular Justice.

sob um esforço de manter sua dominação hegemônica no campo do direito, a legalidade liberal tem estabelecido o espaço da justiça informal para evitar uma crise de legitimidade da coerção, fundamental para o bom funcionamento do sistema legal.

Na avaliação de Auerbach, ambos os sistemas — oficial e alternativo — podem ser discricionários, arbitrários e injustos. A mesma lei que simboliza a justiça e promete igualdade pode reforçar a opressão e a exclusão. Por outro lado, é ingênuo supor que a mediação poderá realizar o que a lei não é capaz de atingir, em especial em uma sociedade como a norte-americana, na qual confiança, harmonia, e reciprocidade — elementos da retórica na mediação — não são valores cultivados. O autor conclui profetizando que somente quando há verdadeira congruência entre os indivíduos e sua comunidade, sob compromissos e valores compartilhados, é possível a realização da justiça sem lei.[167]

A crítica de Laura Nader[168] ao ADR é formulada no sentido de que o movimento abandonou sua promessa original e sucumbiu à sedução da comercialização. Para ela, no início do movimento, de fato, havia uma preocupação com as minorias e com todos aqueles excluídos do acesso ao sistema oficial. Hoje, porém, o foco é a profissionalização do movimento.

Tomasic acredita haver um enorme vácuo entre a retórica do movimento de ADR e sua realidade, em especial, a ideia de que mediação lida com as raízes dos problemas; que é voluntária e não coercitiva; que reduz as tensões na comunidade e que é mais eficiente, mais célere, e mais econômica que o sistema oficial.[169]

Para estes críticos, a mediação comunitária é um serviço destinado àqueles que não têm acesso às cortes. Trata-se, portanto, de uma justiça de segunda classe, pela qual os temas que são essencialmente de ordem pública são privatizados. Nesse sentido, a resolução de disputas pela comunidade representa uma extensão do controle do Estado sobre a esfera privada dos indivíduos. A mediação perpetua a má distribuição dos poderes político e econômico, na medida em que desconsidera as diferenças entre os disputantes, entregando os "carneiros aos leões".

---

[167] AUERBACH, Jerold S. *Justice without Law*?
[168] NADER, Laura. Where is dispute resolution today? Where will it be in the year 2000?
[169] TOMASIC, Roman. Mediation as an Alternative to Adjudication: Rhetoric and Reality in the Neighborhood Justice Movement.

Segundo esta ótica, a mediação produz um consenso voltado a assegurar a hegemonia da classe dominante. Em poucas palavras, por meio da mediação comunitária, o Estado penetra em uma arena antes livre de controle.

A leitura feita por Pavlich[170] é ambígua. Se, por um lado, o autor direciona sua crítica à justiça comunitária, tendo em vista os modelos que vêm sendo adotados, de outro, sustenta que, desde que reinventada, a mediação comunitária pode ser a justiça da pós-modernidade. Em sua crítica, o autor afirma que a mediação comunitária tem suas margens na legalidade formal. A meta é manter o *status quo* pelo expurgo do conflito na comunidade, preservando a ordem dentro da qual a lei deve funcionar. É o que ele denomina de "controle remoto" do Estado nas atividades da sociedade civil. Segundo o autor, há uma complementaridade, uma contínua relação entre a justiça comunitária e as cortes. Apesar de representar uma alternativa ao sistema formal, há uma articulação entre a liberdade proporcionada pela mediação e a hegemonia e segurança fornecidas pela obediência à lei soberana. Daí, a difícil tarefa de desconectar a justiça comunitária da sua extrema dependência da lei; de separar liberdade e emancipação de segurança e ordem.

Na linha dos demais críticos à proposta comunitária, Pavlich entende que a educação para o consenso neutraliza potencialmente as disputas porque desconsidera as desigualdades e opressão social que geram os conflitos. Para ele, além de obscurecer a estrutura dos conflitos, a individualização das disputas inibe a possível formação de coalizões entre partes cujas lutas têm dimensão coletiva — classe, raça e gênero.

Apesar da crítica ao foco que tem sido adotado pelo movimento ADR, Pavlich defende que a justiça comunitária pode utilizar um idioma que forneça aos participantes da disputa a oportunidade de diagnosticar a natureza e a dimensão dos conflitos, antes de desenvolver efetivas técnicas de resposta a eles. Nesta perspectiva, o conflito não precisa ser visto como algo intrinsecamente destrutivo. Ao contrário, o conflito pode ser um meio revelador das contradições, desigualdades e injustiças que afetam as pessoas em uma dada relação de poder. Em outras palavras, a mediação comunitária deve, ao invés de tentar extinguir os conflitos pela aproximação entre os indivíduos, trazê-los para a arena da política.

---
[170] PAVLICH, George C. *Justice Fragmented*: Mediating Community Disputes under Postmodern Conditions, p. 139-158.

Pavlich[171] prossegue argumentando que a lógica da mediação comunitária é variante de um *modelo pastoral* de poder encontrado nas sociedades hebraicas. O poder pastoral reúne técnicas de controle direcionadas para os detalhes da vida de cada membro da comunidade. O pressuposto é o de que o bem-estar de cada "ovelha" implica bem-estar de todo o "rebanho". Para ele, a mediação comunitária fornece os caminhos nos quais este modelo pastoral pode se fazer presente no cenário fragmentado da pós-modernidade. Citando Foucault, Pavlich afirma que, ao contrário dos juízes, os pastores necessitam ter um conhecimento detalhado da vida pessoal dos membros da comunidade. Em vez de aplicar leis universais e uniformes no intuito de assegurar a estabilidade social, o foco do pastor é no indivíduo como membro do todo. O poder pastoral não oferece uma solução escatológica, pela qual a justiça se faz pela aplicação de princípios absolutos e universais, mas procura fornecer segurança, bem-estar, paz e liberdade no "aqui e agora". É o agir local.

Tal qual um pastor que, em sua tarefa religiosa, dedica-se a atender às necessidades espirituais, o mediador comunitário deve ouvir as partes, reconhecer os seus clamores e suas emoções e, ao fornecer um ambiente seguro, permitir que as raízes do conflito floresçam. Nesse sentido, há um aspecto restaurativo na justiça comunitária, pelo qual os disputantes podem compreender uns aos outros e, desenvolvendo aptidões para a comunicação e prevenção, trabalhar na direção de cura dos danos causados pelo conflito. O *empoderamento* é resultado de um processo que proporciona autoconhecimento e reconstrução das autoidentidades por meio do conflito.[172]

Pavlich sustenta ainda que a mediação comunitária pode vir a ser parte de uma gama de práticas democráticas por meio das quais as pessoas se habilitam a formular identidades sociais e compreender as estruturas de opressão. Para tanto, as experiências de justiça comunitária devem formar alianças com novos movimentos sociais, sobretudo àqueles voltados à promoção do direito às diferenças.

O autor conclui que a imagem da justiça como uma entidade singular tem sido substituída por uma justiça fragmentada, uma pluralidade que ocupa diferentes esferas e abriga diversas

---

[171] *Idem*, p. 106.
[172] *Ibidem*, p. 127.

racionalidades. Neste contexto, há uma busca para uma nova linguagem na resolução dos conflitos, sensível às nuanças locais e que não elimine as diferenças.

Ao final, o autor desenha o perfil de uma justiça comunitária da pós-modernidade que não pode ser associada às expressões concretas do movimento ADR contemporâneo:

> Ao invés de individualizar disputas, ignorar as distâncias sociais entre os disputantes e preocupar-se em profissionalizar seus mediadores, deve-se experimentar o impossível, inventar práticas de realização da justiça que ainda estão por vir, buscar a eliminação das diferenças sociais e procurar uma linguagem para as vozes que permanecem em silêncio.[173]

A crítica de que o processo de mediação é alienante porque oculta as verdadeiras raízes estruturais dos conflitos não procede, consoante a linha de argumentação seguida no presente livro. É que, a depender da condução do processo judicial, este também pode vir a ser alienante: a parte não participa das discussões jurídicas — eis que reservadas aos chamados "operadores do direito" — tampouco compreende os direitos que está a pleitear e menos ainda, aprende a lidar com futuros conflitos da mesma natureza. A mediação, uma vez direcionada à compreensão e reflexão sobre as causas e as circunstâncias do conflito, pode se revelar extremamente pedagógica e emancipatória, a depender da perspectiva que se adote. É o tema a ser desenvolvido no próximo capítulo.

---
[173] *Ibidem*, p. 191.

Capítulo 4

Elementos para a Construção da Justiça Comunitária para a Emancipação

Sumário: 4.1 Mediação Regulatória ou Emancipatória? – **4.2** O *empoderamento* – **4.3** Uma proposta transformadora: *empoderamento* e *reconhecimento* – **4.4** O papel do mediador – **4.5** O desequilíbrio de poder

Antes de se traçar um perfil da justiça comunitária para a emancipação — objeto do próximo capítulo — é necessário trazer à análise alguns elementos essenciais para que o meio de solução de conflitos adotado como referencial — a mediação comunitária — seja efetivamente um instrumento de emancipação e coesão social.

Para tanto, é indispensável o debate sobre alguns temas controversos que delimitam a abordagem ideológica da mediação de conflitos a ser considerada em uma determinada experiência: se regulatória ou emancipatória; a sua relação com o conceito de *empoderamento* e *reconhecimento*; a função do mediador no processo de emancipação e, por fim, o uso da mediação em situações em que há desequilíbrio de poder entre os participantes do conflito.

4.1 Mediação Regulatória ou Emancipatória?

Quando realizada sob um modelo comunitário — ou seja, na comunidade, para a comunidade e, preferencialmente pela comunidade — a mediação para a emancipação está inserida na teoria política, na medida em que trata de autodeterminação, de participação nas decisões políticas e, ainda, porque reelabora o papel do conflito na sociedade, desenhando um futuro sob novos paradigmas.

Dentre os inúmeros critérios utilizados para distinguir os modelos de mediação — que veiculam vertentes ideológicas diferenciadas — adotar-se-á nesta obra o dual, que divide os modelos de mediação em: *modelo de agência* cujo enfoque é voltado para a satisfação das partes, geralmente operado em práticas de mediação vinculadas ao sistema judicial oficial, e *modelo comunitário* que oferece uma perspectiva transformadora, porque direcionado à organização comunitária.

Adler, Lovaas e Milner[174] ilustram esta distinção, a partir da análise de duas experiências americanas concretas: o Conselho Comunitário de São Francisco (SFCB) e o Centro de Justiça de Vizinhança de Atlanta (NJCA).

Os pressupostos do programa desenvolvido em São Francisco foram registrados em material produzido pelo centro e reproduzido pelos autores: "nós acreditamos: na aceitação do lado positivo do conflito; na expressão pacífica do conflito de vizinhança; na aceitação individual e comunitária da responsabilidade pelos conflitos; na resolução voluntária de conflitos entre as pessoas e na tolerância para tratar a diversidade".[175] Este programa enfatiza a reconstrução das capacidades da comunidade, em vez do alcance do acordo. Na filosofia do projeto, o problema a ser enfrentado é a alienação social concebida como a falta de conexão entre os membros da comunidade e as razões estruturais que levam à exclusão social.

A perspectiva do programa de São Francisco é o de que o aparato judicial aborda o conflito sob uma perspectiva negativa, em razão da orientação punitiva do sistema formal. Nas cortes, os fatores que geram os conflitos são insignificantes quando comparados ao ato em si, objeto de julgamento. Ou seja, a resposta do processo judicial é direcionada às consequências do ato e não às suas origens. Trata-se de extirpar o conflito e não de superá-lo. Sob esta orientação, a postura adversarial convida as partes a manipular as circunstâncias, as emoções, os fatos e a própria definição do conflito. Isto faz com que os disputantes exagerem a realidade e caricaturem a situação. A ação das partes é motivada pelo medo de enfrentar um resultado que lhe seja desfavorável.

Contudo, o que diferencia estes dois modelos não é a crítica que ambos fazem ao sistema oficial, mas como cada qual concebe as finalidades da mediação. Vejamos.

---

[174] ADLER; LOVAAS; MILNER. The Ideologies of Mediation: the Movement's Own Story, p. 320.
[175] *Idem*, p. 320.

O modelo comunitário com o qual trabalha Shonholtz no Conselho de São Francisco possui algumas premissas, baseadas em quatro ideias: 1. a diversidade e a complexidade da vida social promovem o fortalecimento das entidades não governamentais, que se mobilizam sob o compromisso de partilhar os recursos sociais e articular projetos em comum; 2. a supressão do conflito, individual ou coletivo, é prejudicial; 3. os fóruns de justiça comunitária são meios para organizar mecanismos de resolução de conflitos locais; 4. o desenvolvimento e a manutenção destes centros são um direito democrático e uma responsabilidade dos cidadãos.[176]

Há um componente preventivo neste enfoque, na medida em que o modelo de justiça comunitária é voltado para o fortalecimento dos recursos da comunidade, das responsabilidades e habilidades. Não se trata, pois, de uma mera extensão do aparato estatal, eis que as atividades comunitárias operam dentro de uma arena de prevenção que busca resolver os conflitos antes que eles cheguem às cortes.

Os resultados da mediação comunitária voltada ao empoderamento e à transformação social, conduzida pelo Programa de São Francisco, são inúmeros e Shonholtz os elenca:

1. fornece um espaço de transparência de normas e valores e de construção de entendimentos compartilhados sobre comportamentos socialmente apropriados, o que possibilita a redução das tensões sociais;
2. permite o aprendizado individual e coletivo acerca das responsabilidades em quaisquer situações, inclusive futuras. Este fator desenvolve a autonomia local, no sentido de autogestão;
3. desenvolve habilidades individuais em problemas concretos que, uma vez en3frentados coletivamente, fornecem um sentimento de autorrealização individual e crescimento de um senso coletivo;
4. estimula a comunicação, sobretudo em ambientes hostis em razão da diversidade, constrói respeito às diferenças e neutraliza a alienação e o isolamento;
5. fornece um espaço nos quais problemas locais possam ser resolvidos por meio da identificação e utilização dos recursos comunitários;

---

[176] SHONHOLTZ, Raymond. Neighborhood Justice Systems: Work, Structure, and Guiding Principles, p. 13.

6. proporciona um veículo de resolução de disputas justo aos olhos dos participantes, respeitando o potencial benéfico do conflito.[177]

A experiência do Centro de Justiça de Vizinhança de Atlanta, por seu turno, mostra um enfoque diferenciado. O conflito é concebido como algo inevitável, mas que deve ser extirpado. A meta, portanto, é atingir o acordo visando acomodar as necessidades das partes. Além de enfatizar a responsabilidade dos disputantes de construir decisões que afetarão as suas vidas, a abordagem deste programa é responder, no âmbito privado, ao fenômeno de explosão de litigiosidade. Segundo o material produzido pelo Centro, "os Estados Unidos são a nação mais litigiosa do mundo e, como tal, o crescimento dos métodos alternativos de resolução de disputas é visto como um processo inevitável".[178]

Neste artigo,[179] os autores elaboram um quadro ilustrativo dos diferentes enfoques — mediação comunitária e mediação de agência — considerando: a identificação do problema; a projeção do que seria ideal em uma sociedade; o processo de transformação; a solução de problemas; o enfoque do conflito; o perfil do mediador e as concepções de poder e de lei. Da análise deste quadro, é possível constatar a abordagem transformadora que a mediação comunitária desenvolvida no Conselho Comunitário de São Francisco veicula, em contraposição a um tratamento mais pragmático, manejado pelo Centro de Justiça de Vizinhança de Atlanta, voltado à resolução de problemas e ao atendimento das necessidades individuais dos disputantes. Vejamos.

---

[177] Idem, p. 28.
[178] ADLER, Peter; LOVAAS, Karen; MILNER, Neal. The Ideologies of Mediation: the Movement's Own Story, p. 326.
[179] Idem, p. 322.

	Conselho Comunitário de São Francisco	Centro de Justiça de Vizinhança de Atlanta
O problema	Alienação social. O sistema oficial desconsidera o desenvolvimento comunitário.	O sistema oficial não responde à demanda e às necessidades.
A sociedade ideal	Descentralizada, democrática, igualitária e popular. Resolução autônoma de disputas.	Expansão do uso formal e informal da mediação. Cidadãos responsáveis e organizados.
Transformação social	Criação de novas linguagens sociais. Organizações de base.	Treinamentos para aptidões. Educação.
Solução organizacional	Reconstruir a capacidade de a comunidade resolver seus próprios problemas.	Resolução de problemas e efetividade. Ponte entre as cortes e a comunidade.
Partes e mediadores	Mediadores são membros da mesma comunidade que as partes.	Mediadores são voluntários treinados.
Conflito	Oportunidade para crescimento organizacional e transformação social.	Deve ser administrado e mediado pelo meio-termo.
Poder	*Empoderamento* no sentido social. É "poder com".	Concepção individual de *empoderamento*.
Lei	Distante da realidade.	A interpretação da lei deve ser individual.

Bush e Folger[180] também dividem o vasto campo da mediação em duas vertentes. A primeira, a abordagem *resolução de problemas*, a qual enfatiza a capacidade da mediação para encontrar soluções e gerar acordos. O foco da segunda abordagem, transformadora, é a capacidade de promover *empoderamento* e *reconhecimento*.

Ao abrigo destas duas vertentes — *resolução de problemas* e *transformadora* — os autores identificam quatro variáveis, a depender dos objetivos a serem alcançados no processo de mediação: a) da *satisfação*, cuja meta é reduzir o congestionamento das cortes e fornecer justiça com qualidade nos casos individuais (Fisher e Ury, 1981; Fisher e Brown, 1989; Susskind e Cruikshank, 1987);[181] b) da *justiça social*, que busca, no processo, um veículo de organização popular e comunitária; c) da *opressão* representada pela visão crítica da mediação que denuncia seu caráter opressivo; d) da *transformação*, que tem por enfoque a transformação e integração das relações humanas.[182]

Sob o foco da *justiça social*, cujo representante é Shonholtz (1987), entre outros (Carl Moore, 1994 e Margaret Herrman, 1993),[183] a mediação oferece um efetivo sentido de organizar indivíduos em torno de objetivos comuns e de construir fortes laços nas estruturas comunitárias. Por sua capacidade de ajudar as partes a resolver seus problemas por elas próprias, a mediação reduz a dependência das instituições oficiais e estimula a emancipação individual incluindo a formação de bases comunitárias. Sob esta vertente, a adjudicação e o arbítrio retiram as possibilidades de empoderamento dos participantes, por meio da perda do controle dos resultados, outorgando o destino da resolução dos conflitos aos representantes técnicos.

Sob a visão *transformadora*, a mediação pode conduzir as partes ao exercício da autodeterminação, ajudando-as a mobilizar seus próprios recursos para resolver problemas e atingir metas. Os participantes de um processo de mediação ganham um senso de autorrespeito e autoconfiança. Sob essa perspectiva, esse é o resultado do *empoderamento*. (Albie Davis, 1989; Leonard Riskin, 1984; Carrie Menkel-Meadow, 1991; Dukes, 1993 e Bush e Folger, 1994).[184]

---

[180] BUSH; FOLGER. *The Promise of Mediation*: Responding to Conflict Through Empowerment and Recognition, p. 12.
[181] *Idem*, p. 17.
[182] *Ibidem*, p. 15-24.
[183] *Ibidem*, p. 19.
[184] *Ibidem*, p. 21.

Warat estabelece o mesmo critério sob a classificação *acordista* e *transformadora*. Naquela, o que se busca é a satisfação das necessidades das partes, por meio da celebração de um acordo. A vertente transformadora, por seu turno, considera o conflito como um fenômeno positivo apto a colaborar na construção da autonomia individual e das relações sociais: "o conflito brinda com um incentivo para a interação, termina erigindo-se numa possibilidade para criar, com o outro, a diferença".[185]

As abordagens da *justiça social* representada por Shonholtz, fundador dos Conselhos de São Francisco, e a *transformadora* desenvolvida por Bush e Folger[186] ganham especial relevo neste livro. O propósito é investigar em que medida estes enfoques podem ser úteis para a nossa tarefa de refletir sobre os traços de uma mediação comunitária para a emancipação.

Embora veicule elementos emancipatórios, a mediação processual — ou de *agência*, ou *acordista* — opera com uma retórica que é em parte persuasiva, em parte dialógica. Isso porque, todo o procedimento da mediação processual é tutelado pelo juiz. A qualquer momento em que as partes não estiverem mais dispostas ao diálogo, o curso do processo — e seu intrínseco risco de sucumbência — é retomado. Além disso, não há, nessa modalidade de mediação, uma relação direta com a comunidade, no sentido de permitir que o conflito social possa servir de matéria prima para a promoção de coesão social, pacificação e solidariedade. Quando a prática da mediação ocorre na esfera comunitária, pode haver uma integração das estratégias de fortalecimento comunitário pelo acesso à informação, a inclusão e a participação, a corresponsabilidade e o compromisso e a capacidade de organização local.

> O âmbito comunitário é, em si, um espaço de grande riqueza por sua aptidão em difundir e aplicar os métodos pacíficos de gestão de conflitos ou tramitação das diferenças. A mediação, como instrumento apto a este propósito, brinda os protagonistas — aqueles que compartilham o espaço comunitário — a oportunidade de exercer uma ação coletiva na qual eles mesmos são os que facilitam a solução dos problemas que se apresentam em suas pequenas comunidades. Neste sentido, o desenvolvimento destes processos

---
[185] WARAT. Ecologia, psicanálise e mediação, p. 16.
[186] Trata-se da obra *The Promise of Mediation*: Responding to Conflict Through Empowerment and Recognition.

— assim como a transferência de ferramentas e técnicas específicas de mediação aos integrantes das comunidades — constitui um valioso aporte e um avanço concreto relativo à nossa maturidade como sociedade e colabora efetivamente em pró de um ideal de uma vida comunitária mais satisfatória (...). A mediação é valorada como um terreno privilegiado para o exercício da liberdade, um lugar de crescimento e desenvolvimento, a partir de — na expressão de Habermas — uma atuação comunicativa.[187]

E é aqui que a escolha pela metodologia comunitária da mediação se justifica pela potencialidade emancipatória que a vida em comunidade proporciona. Isto porque todo o propósito da mediação — em especial a comunitária — é a realização da autonomia individual e coletiva, que implica ruptura das relações de dependência e o desenvolvimento de aptidões, habilidades e práticas comunicativas. Este processo, denominado *empoderamento*, quando aliado ao conceito de *reconhecimento*, renova as possibilidades de emancipação social, conforme se verá nos tópicos seguintes.

4.2 O *empoderamento*

Cobb[188] observa que, dentro do campo da mediação, *empoderamento* é tratado em dois níveis de análise: o individual e o comunitário ou social. No âmbito do indivíduo, vários autores trabalham o conceito aliado ao desenvolvimento da autoestima (Haynes e Haynes, 1989) ou à redução da dor emocional, por meio do controle sobre as próprias decisões (Marlow e Sauber, 1990). Em geral, esta abordagem está associada ao campo da psicologia.

Na abordagem comunitária, *empoderamento* está vinculado às mudanças sociais. Os segmentos excluídos da cidadania se mobilizam para adquirir controle sobre suas vidas. A comunidade desenvolve suas próprias normas e padrões para resolver suas disputas e, no processo, as relações sociais são fortalecidas (SHONHOLTZ, 1977; FORESTER 1987). A ideia é remover os obstáculos estruturais para a participação local e para o exercício do autogoverno. É também proclamada como uma técnica capaz de "administrar a diversidade" (THOMAS, 1991).

---

[187] NATÓ; QUEREJAZU; CARBAJAL. *Mediación comunitária*: conflictos en el escenario social urbano, p. 109.
[188] COBB. Empowerment and Mediation: a Narrative Perspective, p. 245-246.

Para Schwerin, o termo *empoderamento* é complexo porque possui diversos elementos conceituais, tais como "auto-estima, auto-confiança, auto-realização, autotransformação, competência pessoal, poder, habilidades, participação cidadã, construção comunitária e transformação política e social".[189]

O mesmo autor coleciona alguns componentes para avaliar o grau de *empoderamento*, com o propósito de construir uma estrutura teórica do conceito:[190]

1. autoestima como a avaliação que alguém faz de seu próprio valor e a atitude positiva de alguém em relação a si e ao seu comportamento;
2. autoavaliação como o julgamento que alguém faz de si mesmo em relação às suas capacidades pessoais. Ambos os conceitos contribuem para a formação do *empoderamento* psicológico;
3. conhecimento e aptidão que fornecem a base para o *empoderamento* social. Aptidão para o desenvolvimento de ações sociais. Por exemplo, talento para a comunicação, negociação, resolução de problemas e para a organização comunitária. Estas aptidões podem ser adquiridas por meio da participação nas organizações políticas e sociais;
4. consciência política. Este conhecimento possibilita que as pessoas desenvolvam seus próprios conceitos de justiça social. Trata-se de um processo de conscientização, pelo qual os excluídos passam a pensar criticamente sobre sua condição social, reconhecendo a opressão das estruturas políticas e desenvolvendo ações voltadas à transformação. O *empoderamento* por meio da educação, por exemplo, é baseado no diálogo contínuo entre o professor e o aluno, no qual há um mútuo respeito e aprendizado entre todos os participantes;
5. participação social. Quanto maior a participação na comunidade, maior o sentimento de pertença, maiores as possibilidades do despertar para formas solidárias de organização social.

Estes componentes entrelaçam-se entre si, na medida em que participação política e social está relacionada a atitudes e capacidades desenvolvidas no plano individual. Aqueles que desenvolvem altos

---
[189] SCHWERIN, Edward. *Mediation, Citizen Empowerment and Transformational Politics*, p. 56.
[190] *Idem*, p. 61-71.

níveis de autoestima, autoavaliação e de conhecimentos e aptidões são mais ativos social e politicamente.

Reunidos os elementos elencados por Schwerin, temos a seguinte reconstrução do conceito:

> O processo de *empoderamento* reúne atitudes individuais (autoestima, auto-avaliação) e habilidades (conhecimento, aptidões e consciência política) para capacitar ações individuais e colaborativas (participação política e social), a fim de atingir metas pessoais e coletivas (direitos políticos, responsabilidades e recursos).[191]

Segundo a definição de George Kent, reproduzida por Schwerin, "*empoderamento* é desenvolvimento: para ser 'empoderado' é necessário desenvolver a capacidade de definir, analisar e agir em relação aos seus próprios problemas".[192]

O tema do *empoderamento* se faz presente em várias áreas do conhecimento. Conforme Bush e Folger,[193] no campo da educação, educadores preparam seus alunos para atingir autoconfiança e não somente conhecimento ou habilidades (BOUMAN, 1991). Na política, um imperativo da democracia é proporcionar que os cidadãos desenvolvam a capacidade de tomar decisões em relação às suas necessidades (Lappé e Du Bois, 1994). Os profissionais da área da saúde estão conscientes da importância de se tratar as doenças por meio da organização de grupos de apoio aos pacientes (SPIEGEL, 1993). O processo de mediação como um meio de resolução de conflitos é, pois, um dos possíveis caminhos para se atingir *empoderamento* e reconhecimento.

Schwerin também reuniu várias definições do conceito, explorando sua característica interdisciplinar.[194] Do ponto de vista da psicologia, Rappaport sugere que *empoderamento* significa ter ou ganhar um senso positivo de controle sobre si próprio e das oportunidades da vida: "*Empoderamento* é um processo: um mecanismo pelo qual as pessoas, organizações ou comunidades ganham domínio sobre suas vidas".[195]

---

[191] *Ibidem*, p. 81.
[192] *Apud* SCHWERIN. *Mediation, Citizen Empowerment and Transformational Politics*, p. 56.
[193] BUSH, Robert A. Baruch; FOLGER, Joseph P. *The Promise of Mediation*: Responding to Conflict Through Empowerment and Recognition, p. 99.
[194] SCHWERIN. *Mediation, Citizen Empowerment and Transformational Politics*, p. 60.
[195] *Apud* SCHWERIN, *idem*, p. 60.

Sob uma perspectiva mais sociológica, o conceito envolve o sentimento de que o indivíduo é parte de uma coletividade cuja participação implica exercer papéis ativos no agrupamento social. Na definição de Kieffer,[196] *empoderamento* é: a) o desenvolvimento de um conceito positivo em relação a si mesmo ou um senso de autocompetência; b) a construção de um entendimento mais crítico e analítico do contexto social e político; c) o cultivo de recursos individuais e coletivos para a ação política e social.

O processo de *empoderamento*, para Torres, envolve um pensar crítica e dialeticamente a respeito do mundo, por meio do conhecimento adquirido sobre o sistema político, social e econômico. Além disso, as habilidades para a comunicação são adquiridas por meio do diálogo com o outro. "Idealmente, *empoderamento* implica ação reflexiva direcionada à mudança social".[197]

Uma comunidade pode desenvolver *empoderamento*, segundo Zimmerman,[198] se seus membros se engajam em atividades que desenvolvam qualidade de vida segundo as suas necessidades.

A amplitude do conceito, ilustrada por estas inúmeras definições, leva-nos a concluir que uma adequada maneira de abordá-lo neste livro seria vinculando-o à mediação comunitária para a emancipação. Antes, porém, é necessário que o conceito seja desassociado da ideia de que *empoderamento* é conquista de poder.

O conceito *empoderamento* apresenta uma grave dificuldade, eis que presente em seu núcleo a palavra poder. Logo, a associação imediata que se faz é a de que se trata de uma extensão do conceito de poder. Não é por outra razão que os dicionários tratam o conceito como uma situação de dar poder ou autoridade a alguém para exercê-lo sobre outra pessoa, como um processo de dominação, bem diferente da abordagem das ciências sociais, que o interpreta como um processo de dar suporte para ou facilitar que alguém desenvolva *empoderamento*.

Sociologicamente, porém, *empoderamento* tem um sentido positivo, sempre associado à ideia de autonomia, desenvolvimento humano, justiça social, autorrealização, paz e comportamento altruísta. É visto como um processo de transformação pessoal pelo qual as pessoas ganham controle sobre suas vidas e criam alternativas à relação de dominação e de dependência. Já o conceito

---
[196] *Apud* SCHWERIN, *ibidem*, p. 61.
[197] *Apud* SCHWERIN, *ibidem*, p. 61.
[198] *Apud* SCHWERIN, *ibidem*, p. 62.

de poder tem um sentido negativo, associado ao "poder sobre", coerção e autoridade.

Schwerin cita Rollo May (1972), para quem há quatro tipos de poder: "poder sobre"; "poder contra"; "poder para" e "poder com". Este último é o único que reflete o sentido sociológico de *empoderamento* já que se trata de poder integrativo (Boulding 1989). É o tipo de poder que emerge do diálogo contínuo e da colaboração para resolver conflitos. Mútuo respeito, mútuo crescimento e mútuo benefício. Poder sinergético (Craig e Katz) ou poder certo (Ferguson).[199]

Não sendo o poder uma estrutura, mas uma relação, a concepção de "poder com" remete a uma relação horizontalizada, compartilhada. Nesse sentido, a mediação comunitária pode ser palco do exercício de *empoderamento*, na medida em que promove capacitação para a autogestão, sob uma perspectiva relacional. Há, pois, uma profunda relação entre *empoderamento* e reconhecimento do estatuto do outro.

É, pois, sob o enfoque do "poder com", permeado por uma ética da alteridade, que o conceito de *empoderamento* será utilizado nesta obra, com as reservas já feitas acima.

4.3 Uma proposta transformadora: *empoderamento* e *reconhecimento*

Para Bush e Folger,[200] há na mediação um potencial de transformação capaz de gerar dois efeitos, *empoderamento* e *reconhecimento*. *Empoderamento* significa a restauração do senso de valor do indivíduo, fortalecendo a sua capacidade de conduzir os problemas da vida. *Reconhecimento* significa a consciência da situação e dos problemas do outro. Quando ambos os efeitos são atingidos no processo de mediação, os conflitos são tidos como oportunidade para crescimento moral e o3 potencial transformador da mediação é realizado.

Sob a orientação *transformadora*, Bush e Folger afirmam[201] que o conflito apresenta duas dimensões. A que promove o fortalecimento individual, por meio do desenvolvimento da capacidade

---
[199] *Ibidem*, p. 72, 73.
[200] BUSH, Robert A. Baruch; FOLGER, Joseph P. *The Promise of Mediation*: Responding to Conflict Through Empowerment and Recognition.
[201] *Idem*, p. 81-112.

humana de lidar com dificuldades, ao tempo que cresce a consciência no processo de refletir, fazer escolhas e agir — *empoderamento*. A segunda dimensão vai além dos limites do indivíduo. Trata-se da também inerente capacidade humana de interagir com as dificuldades alheias. Para Carol Gilligan,[202] um efetivo desenvolvimento moral implica integração da autonomia individual com a preocupação em relação ao outro. Em outras palavras, a integração entre fortalecimento individual — *empoderamento* — e compaixão com o outro — *reconhecimento*.

Assim, verifica-se o processo de *empoderamento* quando os participantes desenvolvem uma forte consciência de seu próprio valor e de suas habilidades em lidar com as dificuldades. Já o *reconhecimento* é atingido quando as partes expandem suas disposições para o conhecimento e responsabilidade pela situação da outra parte.

Mas como avaliar os resultados obtidos por meio do processo de *empoderamento*? Os autores demonstram alguns critérios:

a) *empoderamento* como objetivo. Há *empoderamento* das partes na mediação quando elas alcançam um claro reconhecimento dos objetivos que envolvem o tema que gerou o conflito, suas razões e os interesses envolvidos;

b) *empoderamento* como opções. Há claro processo de *empoderamento* quando as partes reconhecem que têm controle sobre as opções de que dispõem para a realização de suas metas. E, ainda, quando conscientes de que podem optar entre permanecer ou deixar o processo de mediação; aceitar ou rejeitar conselhos legais e possíveis soluções;

c) *empoderamento* como aptidão. Por meio do processo de mediação, as partes se capacitam para o desenvolvimento de novas aptidões, voltadas para as técnicas de comunicação. Elas aprendem a ouvir, a organizar suas ideias, a apresentar argumentos e a avaliar e criar soluções alternativas;

d) *empoderamento* como recurso. Os participantes ganham consciência de que seus recursos podem atingir suas metas e objetivos. Por meio da troca de experiências, as partes constroem uma solução resultante de seus próprios recursos;

e) *empoderamento* como tomada de decisões. A deliberação conjunta só ocorre como resultado de um processo de reflexão, do exame das opções e da argumentação.[203]

---

[202] *Apud* BUSH, Robert A. Baruch; FOLGER, Joseph P. *The Promise of Mediation*: Responding to Conflict Through Empowerment and Recognition, p. 81.

[203] *Idem*, p. 85-87.

Se este processo se verifica, as partes desenvolvem um senso de autovalor, segurança, autodeterminação e autonomia. Nesse sentido, *empoderamento* independe de qualquer resultado particular da mediação. Por vezes, o mediador poderia até mesmo encontrar uma solução mais criativa para o problema. Mas, neste caso, as partes — a despeito de eventual satisfação em relação aos seus interesses imediatos — não desenvolveriam *empoderamento*. Como alertam os autores, "resolver problemas para as partes não é mediação transformadora porque retira a capacidade de *empoderamento* das partes. O *empoderamento* está no processo, não no resultado".[204]

Da mesma forma, há critérios para identificar os elementos do processo de *reconhecimento*:

a) *reconhecimento* como consideração. A parte passa a ter a capacidade de refletir, considerar e compreender a situação e a perspectiva da outra parte, não como uma mera estratégia de negociação, mas como uma manifestação de respeito aos atributos e limites do outro. Como há uma segurança em relação à própria condição — resultante do processo de *empoderamento* — a parte está apta a dar um passo em direção à abordagem do outro;

b) desejo de *reconhecimento*. A parte passa a desejar compreender o ponto de vista alheio no sentido de desenvolver novas perspectivas;

c) *reconhecimento* pela reflexão. As partes veem a si e ao outro sob uma nova perspectiva. Há uma reinterpretação do passado que permite compreender o comportamento do outro, de uma forma mais generosa. Neste caso, um insulto pode passar a ser reinterpretado como uma reação a uma enorme frustração ou mesmo como uma tentativa desesperada de comunicação;

d) *reconhecimento* por meio de um vocabulário adequado. O processo voltado para o diálogo permite a adoção de palavras de compreensão, sob um tratamento de respeito mútuo;

e) *reconhecimento* por intermédio da ação. As partes sob o processo de reconhecimento não se comportam defensivamente ou agressivamente, julgando-se uns aos outros. A conduta é de tolerância e direcionada a encontrar preocupações em comum.[205]

---
[204] *Ibidem*, p. 88.
[205] *Ibidem*, p. 89-91.

Quando o mediador consegue realizar a tarefa de trazer estes elementos para a mediação, no sentido de desenvolver "comum humanidade",[206] o objetivo do reconhecimento foi atingido. Sob este enfoque, no qual o poder emana do coletivo e não do indivíduo, o processo de *empoderamento* é, sobretudo, um processo que se realiza "com o outro", criando comunidade. A meta é que os participantes sejam ativos nas decisões que afetam suas vidas. O *empoderamento* e o reconhecimento se fazem por meio da criação de sentidos e do partilhar experiências enquanto se busca atingir metas comuns.

Nesta inovadora perspectiva, o conceito de sucesso no processo de mediação há de ser completamente revisto. Bush e Folger propõem uma nova definição, a partir dos objetivos da mediação transformadora. Assim, a mediação terá êxito:

> (1) se as partes se conscientizaram das oportunidades de *empoderamento* e reconhecimento apresentadas durante o processo; (2) se as partes foram ajudadas a esclarecer suas metas, opções e recursos para fazer escolhas livres; (3) se as partes foram estimuladas ao *reconhecimento* em qualquer direção que a decisão tenha sido tomada.[207]

Para os autores, *empoderamento* não significa balancear as disparidades de poder ou redistribuir poder dentro do processo de mediação, a fim de proteger a parte mais fraca. Trata-se de um conceito relacional e, como tal, praticado por ambas as partes. Da mesma forma, *empoderamento* não é atingir resultados que, em substância, produzam redistribuição de recursos ou de poder.

A relação entre *empoderamento* e *reconhecimento* é, pois, simbiótica. Um processo conduz ao outro. Assim, a parte que desenvolveu *empoderamento* tem mais capacidade de refletir por meio da perspectiva do outro, e este processo de *reconhecimento* proporciona a possibilidade de *empoderamento* para ambas as partes e assim sucessivamente.

Esta abordagem, apesar de transformadora, parece não enfrentar de forma suficiente a questão do desequilíbrio de poder, em especial, na sociedade brasileira na qual a desigualdade social é a marca predominante. Nesse sentido, há que se refletir, de uma maneira mais objetiva, como a mediação emancipatória pode lidar com

---

[206] *Ibidem*, p. 92.
[207] *Ibidem*, p. 94-95.

as diferenças de poder entre as partes e qual o papel do mediador neste processo.

4.4 O papel do mediador

Há duas escolas em relação à postura que os mediadores devem adotar no processo de resolução de conflitos: a primeira denomina-se *mediador como facilitador*, pela qual a solução da disputa é de exclusiva responsabilidade dos disputantes. Segundo esta corrente, os mediadores devem evitar o envolvimento na discussão do conteúdo do problema e não pressionar as partes para o alcance de um acordo. Já para a escola denominada *mediador como ativista*, o mediador deve trabalhar a questão substantiva do problema juntamente com as partes, a fim de que elas atinjam uma solução duradoura.[208]

A adoção desta ou aquela vertente deve levar em consideração o seguinte critério: qual destas abordagens conduz ao processo de *empoderamento*?

Diante da vagueza do conceito *empoderamento*, Sara Cobb[209] decidiu investigar, por meio de entrevistas realizadas com mediadores de diferentes comunidades de New England, qual a abordagem dada àquele conceito. Em seguida, a autora ofereceu concretamente uma técnica baseada na perspectiva da narrativa para que a mediação assegure o processo de *empoderamento*.

Segundo a autora, na pesquisa, fez-se muita referência ao *empoderamento* como a principal meta ética da mediação. Solicitados a descrever como efetivamente proporcionam *empoderamento* aos disputantes, a maioria dos mediadores respondeu que busca assegurar: a) equilíbrio de poder entre as partes; b) controle do processo e; c) neutralidade, imparcialidade e equidistância do mediador.

Conforme os dados levantados, a maior dificuldade identificada pelos entrevistados relaciona-se às situações que envolvem disparidades entre as partes, tais como: diferentes níveis de autoestima; diferentes recursos materiais, educacionais, culturais; e diferenças de gênero, raça e classe social.

A autora constatou com preocupação que os mediadores tentam contrabalançar esta disparidade a partir de suas próprias

---
[208] SCHWERIN. *Mediation, Citizen Empowerment and Transformational Politics*, p. 29.
[209] COBB. *Empowerment and Mediation*: a Narrative Perspective, p. 247-248.

conclusões sobre qual das partes detém ou não o poder. Para ela, na medida em que os mediadores têm uma concepção de poder, pela qual, quem o detém, possui a habilidade de impor a sua vontade sobre outrem, todo o esforço de *empoderamento* pode vir a provocar um processo de efeito inverso.

Há sempre uma clara distinção, para os mediadores, entre o controle do processo e o controle do conteúdo da disputa. Em geral, entende-se que não há *empoderamento* quando os mediadores interferem no conteúdo do litígio, em busca de um acordo. Nesse sentido, ainda que não haja um consenso entre os disputantes, o processo de *empoderamento* pode ser observado porque a transformação está no processo e não no resultado.

Para Cobb, entretanto, esta distinção entre controle do processo e do conteúdo não garante que o mediador deixe de interferir na autonomia dos disputantes. Isso porque, quando o mediador capacita as partes a reelaborar seus próprios interesses, necessidades e bem-estar, inevitavelmente, está a intervir no conteúdo da disputa.

Para a autora, as preocupações reveladas pelos entrevistados não evitam um processo de manipulação. Para tanto, ela propõe que o tema seja enfocado sob a perspectiva da teoria narrativa. Nesse sentido, *empoderamento* é um conjunto de práticas discursivas que realçam a participação dos disputantes. Participação, por seu turno, é um termo técnico relacionado à elaboração ou coelaboração de uma história conjugada, como o resultado de um processo de interação comunicativa. Participação narrativa é um fenômeno interativo que não pode ser reduzido ao ato de fala de uma só pessoa. Em outras palavras, segundo a teoria narrativa, "participação/*empoderamento* podem ser entendidos como funções das estruturas e dinâmicas narrativas que regulam a transformação das histórias e a evolução dos sentidos".[210]

Por exemplo, a forma linear pela qual os mediadores são treinados a estimular que as partes narrem os fatos não contribui para essa (re)coelaboração da história conjugada. Isso porque toda a estrutura narrativa fica presa nos limites impostos pelo primeiro narrador. Para a autora, este é um modelo adversarial que frustra a proposta da mediação porque consolida a divisão entre as partes e enrijece o padrão de conflito.

---

[210] *Idem*, p. 250.

Assim, a proposta é construir uma narrativa em conjunto, na qual não predomine a versão da parte que possui mais coerência no discurso ou que possua maior informação, a fim de evitar que o discurso seja colonizado por aquele que detém maior poder comunicativo. Em outras palavras, afirma a autora, a coerência e sua relativa presença ou ausência na narrativa contribui para o poder de influência. Na mediação, os disputantes, cujas histórias são menos coerentes e estáveis, podem ser absorvidos pela história dominante que não fluem da interatividade, mas de um ponto de vista unilateral. Isso é problemático na medida em que estas partes terão menores oportunidades de participação e de integração.

Práticas voltadas para o *empoderamento* são aquelas que realçam a participação dos disputantes, em especial, aquelas que desestabilizam a narrativa coerente, ampliando os limites por ela impostos e evitando que um discurso seja refém do outro. A autora ressalta, contudo, que tem consciência de que é impossível criar um contexto no qual as narrativas do conflito não "contaminem" umas às outras. Para tanto, propõe o mecanismo de que, na abertura do processo de mediação, as histórias sejam narradas isoladamente em sessões privadas, a fim de evitar a estrutura adversarial nas narrativas.[211]

Uma segunda ferramenta proposta por Cobb para afastar a "colonização do discurso" é usar a "conotação positiva". Trata-se de um recurso pelo qual o mediador reconstrói as narrativas, sob ambas as perspectivas, mas em um sentido positivo. A sessão pública a ser realizada após as sessões individualizadas partirá então de um patamar cuja narrativa já não se mostrará tão adversarial.[212]

Sobre a possibilidade de este mecanismo permitir a manipulação dos conteúdos narrativos pelo mediador, a autora reitera que a distinção entre conteúdo e processo na teoria e na prática é falsa: ainda que somente voltados para uma intervenção processual, mediadores delimitam a disputa por meio das questões que optam formular, o que demonstra que este é um processo de reconstrução da realidade que, inevitavelmente, envolve o mediador.

---

[211] Este mecanismo é adotado no Programa Justiça Comunitária do Tribunal de Justiça do Distrito Federal e Territórios – PJC-TJDFT, por meio da prática da pré-mediação, conforme narrado no capítulo 6 desta obra.

[212] Além destas técnicas propostas por Cobb, o PJC-TJDFT também se utiliza de outras técnicas de comunicação adequadas ao processo de mediação, tais como, formulação de perguntas reflexivas; parafraseamento; resumo; dentre outros.

A partir da reflexão sobre a postura que o mediador deve adotar para a promoção do *empoderamento* e da transformação social, o Diretor do Programa de Conselho Comunitário de São Francisco, Shonholtz, descreve um breve "passo a passo" do papel do mediador bastante ilustrativo:

> Fase 1. Definindo o problema. A cada parte envolvida no conflito é dada a oportunidade de expressar, de forma ininterrupta, sua percepção do tema e seus sentimentos.
>
> Fase 2. Entendendo um ao outro. Cada parte é encorajada a narrar ao outro o problema, segundo sua ótica, a fim de mostrar seus receios, suas preocupações e sentimentos.
>
> Fase 3. Compartilhando responsabilidades em relação ao conflito e sua solução. Uma vez discutidos os aspectos individuais do conflito, as partes são direcionadas para o entendimento por meio da compreensão quanto à corresponsabilidade do conflito e da solução.
>
> Fase 4. O acordo. O arranjo final é explicitado e consolidado.[213]

O procedimento do mediador, no intuito de promover a emancipação social, não pode estar desvinculado da sua atuação comunitária como artífice das novas redes de solidariedade, tema que será desenvolvido no próximo capítulo. De qualquer sorte, a adoção deste ou daquele enfoque deve ser resultado de uma profunda reflexão das práticas e seus resultados em uma realidade concreta. O debate que subjaz esta escolha parece ser o do desequilíbrio de poder entre as partes na mediação, tema a ser desenvolvido a seguir.

4.5 O desequilíbrio de poder

Havendo descompasso de poder entre os disputantes, há os que afirmam que não poderá haver processo de mediação. Há, porém, quem defenda ser possível neutralizar o desequilíbrio, sem que isso implique usurpação do direito das partes de alcançar seus próprios arranjos.

Davis e Salem, por exemplo, entendem que o desequilíbrio de poder é um dado natural no processo de mediação, na medida

---
[213] SHONHOLTZ. Neighborhood Justice Systems: Work, Structure, and Guiding Principles, p. 18.

em que se trata de um fenômeno relacional. Se a mediação implica *empoderamento*, este é um instrumento que oferece a oportunidade para desenvolver a habilidade de equilibrar o descompasso entre as partes. Para os autores:
1. a mediação pressupõe tratamento digno. As partes são ouvidas com respeito e cuidado, de modo que elas se sintam seguras para revelar suas necessidades e interesses;
2. a mediação é um processo aberto, porque cria oportunidades de escolhas. As inúmeras opções possíveis para as partes delinearem um arranjo contrastam com as limitadas soluções impostas pela autoridade da lei;
3. o processo de mediação reconhece a necessidade humana de expressar emoções. Nesse sentido, as pessoas estão mais aptas a entender a perspectiva do outro, quando têm a chance de expressar suas emoções e perspectivas;
4. a mediação reconhece a inteligência das pessoas, porque parte do pressuposto de que elas são capazes de formular uma solução razoável conjuntamente;
5. o processo cria uma atmosfera de segurança porque as partes sentem que são tratadas em um ambiente imparcial e confidencial;
6. a natureza voluntária da mediação encoraja as partes a adotar um padrão cooperativo de pensar;
7. por fim, mediação é partilhar informação, em contraste com o processo judicial formal, no qual a informação é a "arma oculta" utilizada para vencer. E partilhar informação implica partilhar poder.[214]

Nesse mesmo sentido, Folberg e Taylor[215] observam que a desigualdade de poder causada pela carência de informação de uma das partes pode ser enfrentada pela função educacional do mediador. Ou seja, é parte do processo de *empoderamento* igualar a condição das partes, por meio da democratização da informação.[216]

Havendo, porém, qualquer tipo de ameaça ou constrangimento levado a efeito por uma das partes, o mediador deve interromper o processo imediatamente e esclarecer que a mediação não pode se

---

[214] DAVIS; SALEM. Dealing with Power Imbalances in the Mediation of Interpersonal Disputes, p. 18-19.
[215] FOLBERG; TAYLOR. *Mediation*: a Comprehensive Guide to Resolving Conflicts without Litigation, p. 185.
[216] Este papel pedagógico do mediador, rejeitado por Cobb e por Bush e Folger — conforme tópico acima — parece mostrar-se mais efetivo para enfrentar as situações nas quais a desigualdade impera.

efetivar sob condições de adversidade que implique desequilíbrio de poder. Esta hipótese pode ocorrer, sobretudo quando uma das partes deseja testar os limites da mediação e da capacidade de diálogo do mediador e do outro. Nos casos em que há um desequilíbrio de poder no qual o conflito envolve violência física no âmbito doméstico, por exemplo, a mediação não é recomendada, até que haja um acompanhamento psicossocial das partes. É por esta razão que muitos centros de mediação estabelecem um vínculo com a rede social que integra serviços sociais, assistência legal, serviços de saúde mental e programas educacionais.

Mas, qual o critério a ser utilizado pelo mediador para determinar quando é o caso de interromper o processo de mediação porque inviável diante da disparidade de poder entre as partes?

A resposta oferecida por Davis e Salem[217] delineia alguns parâmetros para orientar o mediador nesta decisão: a) quando uma ou ambas as partes não entenderem o significado da proposta da mediação; b) quando demonstrarem dificuldade de identificar e expressar seus interesses e de compreender as consequências do arranjo que estão sendo delineados; c) quando uma das partes carecer seriamente de informação sobre o conflito; d) quando um deles ou ambos declararem expressamente o desejo de por fim ao processo de mediação. Ausentes estas condições, não há razão para o mediador interromper o processo, ainda que não concorde pessoalmente com o conteúdo do acordo.

A estes critérios devem ser acrescidas algumas regras de conduta a serem observadas pelo mediador, ainda que sua satisfação quanto ao resultado seja secundária no processo. Por exemplo, se o acordo mostra-se grosseiramente desigual para uma das partes; se o consenso violar direitos fundamentais; se o resultado baseou-se em alguma informação falsa; se o consenso for impossível de ser cumprido. Nestes casos, o mediador deve informar as partes da dificuldade de consolidar o processo e sugerir alterações. Não havendo aceitação, a orientação é encerrar a sessão e ser transparente quanto às razões de sua decisão.

Mas tais normas de conduta não seriam uma forma de interferir no conteúdo da decisão? Qual o limite de influência permitido no processo de mediação?

---

[217] DAVIS; SALEM. *Dealing with Power Imbalances in the Mediation of Interpersonal Disputes*, p. 20.

A influência do mediador é, na visão de Bush e Folger,[218] um fenômeno inevitável. Na qualidade de terceiros que atuam na resolução do conflito, os mediadores trazem seus próprios códigos de valores e interesses. Na mediação voltada para a resolução de problemas, os mediadores buscam a satisfação das partes. Para tanto, os mediadores dirigem a sessão de uma forma que o consenso seja resultado daquilo que acreditam ser o mais justo. Mas esta influência ameaça o objetivo da mediação. Escapar, pois, desta influência parece ser um problema insolúvel se a mediação é do tipo *agência*.[219]

Para os autores, ao se adotar a perspectiva transformadora, a própria mediação oferece a solução. Não se trata de eliminar a influência do mediador, posto que impossível, mas mudar a natureza da influência. O mediador deve, sob este enfoque, assegurar-se de que o resultado foi construído pelas partes. O seu único interesse deve ser o de influenciar para que as partes mantenham o controle da decisão durante todo o processo.

Esta é uma questão cuja resposta é de difícil formulação. Este livro não tem por pretensão oferecer uma solução definitiva ao dilema, mas apontar caminhos para o debate, levantando, por certo, mais dúvidas do que certezas.

Se o que se pretende é o desenvolvimento de um programa de mediação comunitário autônomo, a questão da ética da mediação vai além da análise da conduta que o mediador deve seguir quando o resultado do consenso lhe parece injusto. O problema revela seu aspecto mais complexo ao se perguntar qual o limite da autonomia comunitária e qual o papel do Estado neste processo.

Se, de um lado, afirma-se que o universalismo da era moderna não oferece mais respostas à fragmentação e à pluralidade da sociedade contemporânea — de outro, o relativismo das propostas dos teóricos comunitários são insuficientes, por não buscar padrões mínimos de direitos básicos, a guiar novas práticas para a realização da justiça emancipatória.

Nesse sentido, qual o papel do mediador, da comunidade e do próprio Estado, quando as partes em conflito concluírem por um consenso absolutamente irracional, injusto, imoral ou mesmo perverso? De onde extrair os ditames — se é que eles devem existir — para julgar a justiça do consenso?

---

[218] BUSH; FOLGER. *The Promise of Mediation*: Responding to Conflict Through Empowerment and Recognition, p. 104-105.

[219] Para uma definição da mediação *de agência* ver tópico 4.1 deste capítulo.

Estas perguntas são as mesmas que ensejaram a análise da dicotomia universalismo *versus* relativismo,[220] embora em uma esfera mais reduzida. Neste contexto, duas considerações devem ser feitas.

Primeiro, conforme já analisado, a *teoria da tradução* proposta por Sousa Santos constitui um instrumento democrático para enfrentar as diversidades culturais e a diferença de interesses. A busca de um núcleo mínimo ético a reger a mediação comunitária é legítima como parte integrante da tarefa de promover um equilíbrio entre regulação e emancipação que penda a favor da emancipação de maneira a garantir a dignidade humana e o combate a todas as formas de opressão e sofrimento humano. Este caminho não incorre no relativismo, porque não parte do pressuposto de que a melhor decisão será aquela levada a efeito autônoma e soberanamente pelos envolvidos no conflito, independentemente de seu conteúdo. Tampouco adota padrões pretensamente universais, porque considera que somente por meio de uma *hermenêutica diatópica* estes padrões mínimos serão melhor definidos. A incompletude da posição das partes, antes do diálogo, é a mesma incompletude do núcleo ético que se integrará no decorrer da tradução a ser feita entre as partes com o apoio do mediador.

Em segundo lugar, há que se esclarecer que esta contraposição: regulatório *versus* emancipatório é uma referência útil, mas deve ser relativizada. Conforme já se afirmou, há situações nas quais uma intervenção regulatória estatal, quando pautada na realização do Estado Democrático de Direito, pode proporcionar emancipação social. Assim, uma intervenção estatal que contribua para a eliminação dos fascismos societais garante emancipação na regulação.

Nesse sentido, a autonomia comunitária encontra seus limites em um padrão de direitos básicos que protegem a dignidade humana, o qual, por ser, a princípio, incompleto, revela a sua integralidade somente como resultado da *retórica dialógica* e não por meio da adoção prévia de um padrão universal.

Ao se revelar um instrumento hábil para a emancipação social, a mediação integra a base da realização de uma justiça comunitária, restando-nos refletir sobre quais esferas este modelo pode ser exercido e quais os elementos que o compõe, conforme descrito no próximo capítulo.

---

[220] O debate entre universalistas e comunitários foi desenvolvido no capítulo 2 desta obra.

CAPÍTULO 5

A Justiça Comunitária para a Emancipação

Sumário: 5.1 Um novo olhar sobre o conflito – 5.2 O saber como solidariedade e a retórica dialógica – 5.3 As redes e a reinvenção da comunidade – 5.4 O Estado como novíssimo movimento social – 5.5 A Justiça Comunitária para a Emancipação. Uma síntese parcial

Este capítulo pretende oferecer os traços gerais de uma justiça comunitária para a emancipação, a partir da análise do conflito; da novíssima retórica e do saber como solidariedade; das comunidades organizadas em rede e do *Estado como novíssimo movimento social*. Estes elementos estão inseridos na *teoria da pós-modernidade de oposição*, em especial, na sua dimensão crítica ao direito moderno.

Após a análise destes componentes, o capítulo seguinte ilustrará as atividades desenvolvidas pelo Programa Justiça Comunitária do Tribunal de Justiça do Distrito Federal e Territórios, a fim de que os elementos veiculados pela concepção teórica aqui adotada sejam confrontados com a realidade de uma experiência concreta.

5.1 Um novo olhar sobre o conflito

Embora o conflito seja um fenômeno inerente à condição humana, os indivíduos nele envolvidos têm dificuldade em concebê-lo como algo positivo, na medida em que se trata de um processo que, em geral, envolve dor emocional. Além disso, sob a ótica legal, o conflito é resultado de uma violação da lei ou de uma desobediência a um padrão, fato que lhe confere uma aversão social.

Toda situação conflituosa, porém, deve ser vista como uma oportunidade, na medida em que pode veicular um processo de transformação. Segundo Shonholtz,[221] o conflito é parte da vida humana e, como tal, não pode ser concebido como uma exceção. Conflitos possuem sentidos e, quando compreendidos, as partes nele envolvidas têm a oportunidade de desenvolver e transformar suas vidas.

O mesmo enfoque pode ser conferido ao conflito cuja origem repousa nas diversidades próprias de uma sociedade complexa com condições de oferecer recursos próprios de resolução de conflitos, visando a sua transformação. Na medida em que se transfere ao Estado toda a responsabilidade pela resolução dos conflitos, a comunidade não se fortalece nem se torna capaz de criar suas próprias soluções, o que constitui um fator de alienação. De acordo com Shonholtz, o monopólio estatal inabilita os indivíduos e os movimentos sociais a resolverem seus conflitos, tornando-os eternos dependentes das iniciativas e da proteção do Estado.[222] Ao contrário, o trabalho mutuamente desenvolvido pela comunidade, sem a intervenção unilateral do Estado, colabora para a expressão pacificadora do conflito, criando a base para um amplo entendimento comunitário.

Na visão transformativa de mediação desenvolvida por Bush e Folger,[223] conflitos também são vistos como oportunidades de desenvolvimento e exercício de ambas as capacidades: a autodeterminação — *empoderamento* — e a confiança mútua — reconhecimento. Desse modo, a resposta ideal ao conflito não é extirpá-lo para resolver o "problema" — mesmo porque a ausência de conflito não significa necessariamente a realização da justiça — mas empregá-lo no processo de transformação dos indivíduos nele envolvidos.

Também para Schwerin[224] há um movimento de reciprocidade entre conflito e transformação social. De um lado, o conflito pode levar à transformação ao revelar a disfunção das estruturas sociais e das instituições. De outro, o processo de transformação produz conflito em razão do confronto natural entre os agentes sociais promotores das mudanças e os que insistem na manutenção do *status quo*.

Para o autor, a maioria das pessoas não se sente confortável diante dos conflitos e tenta evitá-lo tanto quanto possível. Se o processo de sua resolução for mal conduzido, o conflito pode

---

[221] SHONHOLTZ. Neighborhood Justice Systems: Work, Structure, and Guiding Principles, p. 7-8.
[222] *Idem*, p. 14.
[223] BUSH; FOLGER. *The Promise of Mediation*: Responding to Conflict Through Empowerment and Recognition, p. 81-84.
[224] SCHWERIN. *Mediation, Citizen Empowerment and Transformational Politics*, p. 6.

desenvolver uma dinâmica negativa e causar danos físicos e psicológicos. O autor ressalta, porém, que os conflitos não representam uma disfunção. Se bem manejados, eles podem ser funcionais e proporcionar crescimento para o indivíduo, grupos e organizações. O meio de resolução de conflitos empregado será, pois, crucial para a obtenção de um resultado benéfico ou danoso.

No sistema judicial oficial, o conflito é solucionado por meio da aplicação do ordenamento jurídico ao caso concreto. O processo é o palco no qual interesses são dialeticamente confrontados sob uma aura adversarial que confere ao conflito uma dimensão de disputa. O vencedor da demanda encontra a satisfação de seus interesses materiais e o derrotado, em geral, sente-se injustiçado. Não há um processo de compreensão das origens e das circunstâncias em que se situa o conflito, tampouco se verifica uma participação na busca de uma solução criativa capaz de contemplar os reais interesses em disputa.

Há que se reconhecer que, a depender da postura com que os operadores do Sistema Judiciário conduzem a audiência de conciliação, por exemplo, é possível que haja um alto grau de participação das partes na construção do consenso. Entretanto, há vários limites neste diálogo posto que conduzido sob uma lógica instrumental, em que a estratégia é ceder, a fim de evitar os riscos de uma sucumbência total.

A mediação, ao contrário do sistema adversarial, valoriza a dimensão emancipatória do conflito na medida em que não opera a partir de estratégias voltadas para a eliminação do interesse alheio. Ao contrário, o olhar do outro sobre o conflito é um dos mecanismos utilizados para a construção da reciprocidade, sob uma ética da alteridade.

Conforme se verá adiante, o caráter transformador do conflito é potencializado quando os meios utilizados para a sua resolução promovem uma comunicação livre de qualquer coerção, por meio da *novíssima retórica* e da construção do saber como solidariedade.

5.2 O saber como solidariedade e a retórica dialógica

Segundo Sousa Santos,[225] o conhecimento é o movimento que parte da ignorância em direção ao saber, cujos polos revelam

---

[225] SOUSA SANTOS. *A crítica da razão indolente*: contra o desperdício da experiência, p. 29-30.

significados diferentes, a depender do pilar adotado — regulatório ou emancipatório.

Na regulação, o conhecimento na Modernidade se revela na forma da ordem. É o saber instrumental, científico, que, uma vez aplicado, proporciona estabilidade, segurança e previsibilidade social. Todos os saberes que não se utilizam desta mesma linguagem são considerados manifestações de ignorância, expressões do caos.

No pilar da emancipação, a ignorância é identificada como colonialismo. É quando não se reconhece o estatuto do outro, a reciprocidade, a alteridade. O outro é objeto e não sujeito. É o monoculturalismo. De outro lado, a expressão do saber na emancipação se revela na solidariedade, na reciprocidade e no reconhecimento das diferenças.

Na Modernidade, o colonialismo — ignorância sob o pilar da emancipação — é interpretado como ordem — saber da regulação — posto que a linguagem monocultural, previsível e controlável, oferece a estabilidade necessária e vital ao sistema. O outro é tido como um potencial objeto de disputa, de conquista, seja pela coerção, seja pela persuasão.

Nesse passo, a solidariedade — conhecimento na emancipação — é recepcionada pela Modernidade como caos — ignorância na regulação. A capacidade de lidar com as diferenças e de reconhecer o outro como sujeito falante, própria do multiculturalismo solidário, abala as certezas e proporciona o imprevisível. As vozes silenciadas pela ordem regulatória passam a ter espaço para a fala, em relações potencialmente horizontais, dialógicas, dinâmicas, complexas, sistêmicas. Trata-se de um diálogo cujo resultado não se pode antecipar.

O conhecimento sob os paradigmas da *pós-modernidade de oposição* não tem por fim descobrir regularidades e codificá-las, para a reprodução do passado assente em uma suposta ordem natural e universal. Ao contrário, a busca da descoberta de algo dado cede lugar à criação e, nesse sentido, os valores dos múltiplos criadores não são esterilizados, sendo parte do processo. Como integrante do senso comum — rejeitado pela ciência moderna — o conhecimento adquirido no decorrer da vida, no espaço local, é recepcionado como um saber potencialmente emancipatório.

Para esta necessária transição epistemológica — da ignorância como colonialismo para o saber como solidariedade — há que se buscar um equilíbrio dinâmico que penda a favor da emancipação, transformando a solidariedade como forma hegemônica de saber.

Para tanto, uma das ferramentas possíveis e que produz efeitos diretos no campo da mediação comunitária é a *retórica dialógica* ou *novíssima retórica*, capaz de impulsionar a reciprocidade que se constrói no processo de intersubjetividade.

Ao contrário da retórica da Modernidade, cuja estratégia está voltada para a persuasão, a *novíssima retórica* privilegia o convencimento recíproco. Sob a estratégia da persuasão, o objetivo está no resultado que se busca alcançar: a submissão do auditório às razões do orador. Nesse sentido, o outro é tido como objeto de conquista.[226]

A lógica do convencimento, ao revés, pretende intensificar a dimensão dialógica rompendo com a rigidez da polarização entre orador e auditório. Este último é tido como uma fonte do movimento dialógico que, por ser dinâmico, permite que auditor se transforme em auditório e vice-versa.

A mediação oferece condições para o desenvolvimento desta reconstrução da retórica, a depender do modelo que se venha a adotar. Na forma extrema de regulação, a retórica cede espaço à violência, sem qualquer espaço para o exercício da mediação. Na sua expressão intermediária, a retórica é desenvolvida sob um viés persuasivo. Como exemplo, as hipóteses na qual a mediação é um processo determinado compulsoriamente pelo juiz, após a instauração da ação judicial. É a chamada mediação forense ou processual.

Embora veicule elementos emancipatórios, a mediação forense opera com uma retórica que é em parte persuasiva, em parte dialógica. Isso porque, todo o procedimento é tutelado pelo juiz. A qualquer momento em que as partes não estiverem mais dispostas ao diálogo, o curso do processo — e seu intrínseco risco de sucumbência — é retomado. Além disso, não há, nessa modalidade de mediação, uma relação direta com a comunidade, no sentido de permitir que o conflito social possa servir de matéria prima para a promoção de coesão social, pacificação e solidariedade.

Quando a prática da mediação ocorre na esfera comunitária, pode haver uma integração das estratégias de fortalecimento da comunidade: o acesso à informação, a inclusão, a participação, a corresponsabilidade, o compromisso e a capacidade de organização local. E é aqui que a escolha pela metodologia comunitária da

---

[226] *Idem*, p. 103.

mediação se justifica pela potencialidade emancipatória que a vida em comunidade proporciona.

> O âmbito comunitário é, em si, um espaço de grande riqueza por sua aptidão em difundir e aplicar os métodos pacíficos de gestão de conflitos ou tramitação das diferenças. A mediação, como instrumento apto a este propósito, brinda os protagonistas — aqueles que compartilham o espaço comunitário — a oportunidade de exercer uma ação coletiva na qual eles mesmos são os que facilitam a solução dos problemas que se apresentam em suas pequenas comunidades. Neste sentido, o desenvolvimento destes processos, assim como a transferência de ferramentas e técnicas específicas de mediação aos integrantes das comunidades, constitui um valioso aporte e um avanço concreto relativo à nossa maturidade como sociedade e colabora efetivamente em prol de um ideal de uma vida comunitária mais satisfatória.[227]

E o autor complementa: "A mediação é valorada como um terreno privilegiado para o exercício da liberdade, um lugar de crescimento e desenvolvimento, a partir de — na expressão de Habermas — uma atuação comunicativa".[228]

A mediação comunitária é conduzida por membros da comunidade e opera no nível comunitário antes da judicialização dos conflitos. É a mediação para, na e, sobretudo, pela comunidade. O potencial dialógico neste processo está assegurado na horizontalidade com que o mediador comunitário conduz o processo e também na participação da comunidade como corresponsável na celebração de compromissos mútuos que garantam um futuro de pacificação social, dentro da diversidade. Não há um processo judicial em curso para delimitar os parâmetros nos quais o diálogo vai se estabelecer. Nesse sentido, o referencial está na ética da alteridade e não na autoridade da lei.

A justiça comunitária para a emancipação, por meio da prática da mediação comunitária, abre oportunidade para a geração e a valorização de um saber local, reconhecido como conhecimento do pilar emancipatório. Ao praticar a retórica dialógica, a justiça comunitária é capaz, pois, de promover a transição do colonialismo para a solidariedade.

---

[227] NATÓ; QUEREJAZU; CARBAJAL. *Mediación Comunitária*: conflictos en el escenario social urbano, p. 109.
[228] *Idem*, p. 161.

No colonialismo — a expressão da ignorância no pilar emancipação — o conflito é interpretado como algo negativo e o outro é o inimigo cujas razões são desconhecidas e que deve ser derrotado. A lógica do processo judicial, aliás, reforça esta forma colonialista de lidar com a adversidade.

A solidariedade, ao revés, como manifestação do saber na emancipação, é permeada pelo diálogo voluntário patrocinado pela mediação comunitária. Nela, os mediandos têm a possibilidade de compreender as razões do outro e a própria origem do conflito, abrindo espaço para o reconhecimento mútuo e para a compreensão da estrutura injusta às quais, muitas vezes, ambos estão submetidos.

Mesmo naqueles casos em que as partes possuam condições socioeconômicas diferentes e, como tal, uma delas não se submete à mesma estrutura injusta que a outra e/ou em casos mais extremos, quando uma delas agiu com evidente má-fé para a satisfação de seus interesses em prejuízo do direito alheio, o diálogo é viável e pode ser emancipatório.

Isto porque, havendo um desequilíbrio de poder entre as partes, a mediação pode proporcionar empoderamento capaz de esclarecer os direitos que as partes possuem, de forma a instrumentalizá-las para um diálogo menos desigual, mais equilibrado. Neste caso, mesmo não havendo um consenso possível, as partes tiveram a oportunidade para um aprendizado que será valioso caso decidam buscar seus direitos por meio do sistema judicial ou mesmo para prevenir futuros litígios. Há, pois, uma transformação patrocinada pela mediação comunitária, ainda que o conflito não tenha sido pontualmente solucionado.

Neste aspecto, a mediação comunitária reproduz a *situação ideal de fala* habermasiana, na medida em que capacita pessoas, grupos e instituições a trilhar caminhos possíveis para a solução de seus problemas, por meio de um diálogo não colonizado pela coerção.

Conforme salienta Menkel-Meadow,[229] os pressupostos da *situação ideal de fala* formulada por Habermas estão em consonância com o núcleo principiológico da mediação:

---
[229] MENKEL-MEADOW, Carrie (Ed.). The Trouble with the Adversary Sistem in a Postmodern, Multicultural World, p. xxxi.

1. qualquer pessoa com competência para falar pode fazer parte do debate;
2. qualquer pessoa está autorizada a questionar qualquer assertiva;
3. qualquer pessoa está autorizada a apresentar qualquer assertiva;
4. qualquer pessoa está autorizada a expressar suas atitudes, desejos e necessidades;
5. ninguém deve ser impedido, por coerção interna ou externa, de exercer estes direitos.

Há que se ressaltar que este diálogo pode envolver atores coletivos e temas públicos, não se restringindo à esfera dos conflitos interpessoais.

Para Gutmann e Thompson, as deliberações sobre questões de interesse público não deveriam ser confinadas a convenções constitucionais ou opiniões emitidas pelas Supremas Cortes. Para eles, os procedimentos da Modernidade para a decisão de temas políticos e sociais — eleições para garantir a representatividade, legitimidade na política e resolução de litígios pela via adversarial — são inadequados para uma efetiva participação do cidadão na sociedade. O conflito, assim como a elaboração das normas, deve ser abertamente discutido, em situações nas quais os disputantes possam ser admitidos em *justas audiências*.[230]

A mediação, nesse sentido, não se revela um instrumento para a eliminação do conflito ou para a "justiça da harmonia" como salientam os críticos da justiça comunitária. Ao contrário, o manejo da *retórica dialógica* e a consequente promoção do *saber como solidariedade* possibilitam a expressão produtiva do conflito indicando caminhos possíveis para uma transformação social.

No tópico seguinte, será apresentada uma análise dos espaços nos quais a *novíssima retórica* pode ser praticada.

5.3 As redes e a reinvenção da comunidade

Há um processo simbiótico entre participação política, exercício da autonomia e solidariedade entre os membros de uma comunidade organizada em rede.

---

[230] GUTMANN; THOMPSON. *Democracy and Disagreement*, p. 12.

As redes permitem maximizar as oportunidades para a participação de todos e para o respeito às diferenças em um contexto de mútua assistência. Para se ter acesso aos recursos comunitários, o nível de atividade e de compromissos dos grupos sociais aumenta e a autoestima cresce após a conquista de mais direitos e recursos. Há uma reciprocidade entre os vários componentes desta cadeia "ecológica", que opera em um movimento de retroalimentação.

Castells declara que "o principal agente da mudança atual é um padrão de organização e intervenção descentralizada e integrada em rede, característica dos novos movimentos sociais".[231]

A leitura de que as redes revelam novas formas de relações sociais também é compartilhada por Aguiar. Segundo o autor, a articulação de diferentes projetos organizados em rede permite "o enfraquecimento dos controles burocráticos, a descentralização dos poderes, o compartilhamento de saberes e uma oportunidade para o cultivo de relações horizontais entre elementos autônomos".[232]

Aguiar associa esta nova estrutura que vai se consolidando como alternativa ao sistema oficial à prática da mediação:

> Como a verticalidade e as estruturas piramidais vão sendo confrontadas pelas redes, a solução dos conflitos tende a abandonar as formas clássicas e judicializadas para admitir novas formas de composição de conflitos como a mediação, que consiste na possibilidade de discussão mediada dos problemas para se chegar a um acordo final.[233]

Para Aguiar, estas experiências permitem que a lógica da rígida estrutura da linguagem judicial ceda lugar à retórica, à arte

---

[231] "Pelo fato de que nossa visão histórica de mudança social esteve sempre condicionada a batalhões bem ordenados, estandartes coloridos e proclamações calculadas, ficamos perdidos ao nos confrontarmos com a penetração bastante sutil de mudanças simbólicas de dimensões cada vez maiores, processadas por redes multiformes, distantes das cúpulas de poder. São nesses recônditos da sociedade, seja em redes eletrônicas alternativas seja em redes populares de resistência comunitária, que tenho notado a presença dos embriões de uma nova sociedade, germinados nos campos da história pelo poder da identidade". E conclui: "o caráter sutil e descentralizado das redes de mudança social, impede-nos de perceber uma espécie de revolução silenciosa que vem sendo gestada na atualidade" [CASTELLS, Manuel. *O poder da identidade*. Rio de Janeiro: Paz e Terra, 1999. p. 426-427. (A era da informação: economia, sociedade e cultura, 2)].

[232] E acrescenta: "Isso enseja uma profunda revisão tanto no momento da gênese normativa, nas formas de sua construção, como também aponta para novas formas de aplicação, manutenção e controle dos que vivem no interior dessas relações, onde não há lugar para a lentidão, nem espaço para assimetrias acentuadas, nem oportunidades de acumulação de poder pelos velhos detentores da máquina burocrática. É uma outra dimensão da democracia emergindo" (AGUIAR. Procurando superar o ontem: um direito para hoje e amanhã, p. 71).

[233] *Idem*, p. 76.

do convencimento, ao envolvimento. É o que ele denomina "direito dialogal, que respeita as diferenças e radicaliza a democracia".[234]

Mas, afinal, diante da centralidade do mercado e da retração estatal — fenômenos que marcam a crise da Modernidade — em que malhas sociais estas redes são construídas? Qual é o palco no qual se pode protagonizar a transição do colonialismo para a solidariedade? Qual é o auditório da *retórica dialógica*? Enfim, quais são os espaços possíveis para a realização da justiça comunitária para a emancipação?

Para Sousa Santos, as sociedades capitalistas são constituídas de seis estruturas, seis esferas de relações sociais, as quais produzem seis formas de poder, de direito e de conhecimento de senso comum. São espaços centrais para a produção e reprodução das relações de poder, mas são também suscetíveis de se converterem em "lugares centrais de relações emancipatórias",[235] a partir de práticas sociais transformadoras. Apesar de cada esfera guardar autonomia em relação às demais, por apresentar a sua própria dinâmica, a ação transformadora em cada uma delas só pode ser colocada em movimento em constelação com as demais.[236]

Em cada espaço desta estrutura multifacetada, a ação transformadora destina-se a construir condições para que os paradigmas emergentes possam ser experimentados em oposição à reprodução dos velhos padrões de dominação. Estes espaços são os seguintes: a) a esfera doméstica, cujo paradigma dominante é constituído pela família patriarcal, em contraposição à emergência da democratização do direito doméstico, baseado na autoridade partilhada, na prestação mútua de cuidados, dentre outros; b) o espaço da produção, no qual reina o expansionismo capitalista a ser transformado em um novo padrão pautado em unidades de produção baseadas em cooperativas autogeridas; c) o mercado, no qual o consumo voltado para as satisfações individualistas possa ser direcionado para as necessidades humanas, por meio do estímulo a um consumo solidário; d) o espaço comunitário propriamente dito, em que a "sociedade colonial"[237] — representada por antigas formas de organização pautadas na exclusão das diferenças — possa dar espaço à identidade múltipla, inacabada, valorizando o senso comum emancipatório

---
[234] *Ibidem*, p. 76.
[235] SOUSA SANTOS. *A crítica da razão indolente*: contra o desperdício da experiência, p. 271.
[236] *Idem*, p. 334, 342.
[237] *Ibidem*, p. 339.

orientado para uma ação multicultural e democrática; e) a esfera da cidadania, constituída pelas relações entre o Estado e a sociedade e entre os membros da sociedade. Neste espaço, o padrão emergente é voltado à democracia radical, à realização dos Direitos Humanos, transformando as relações de poder em autoridades partilhadas; f) o espaço mundial, no qual o padrão do desenvolvimento desigual e da soberania exclusiva seja transformado em soberania recíproca e democraticamente permeável.

Nestes espaços estruturais, a construção do paradigma emergente pressupõe uma tripla transformação: do poder em autoridade partilhada; do direito despótico em direito democrático e do conhecimento-regulação em conhecimento-emancipação.

Os espaços privilegiados para a formação destas redes solidárias e a reinvenção da comunidade, na perspectiva da presente obra, são três das seis esferas indicadas por Sousa Santos: o doméstico, o comunitário e o da cidadania. Nestes espaços, é possível que a prática da mediação reinterprete os conflitos sob uma perspectiva solidária, instrumentalizando-os para o exercício da autonomia individual e comunitária.

A autonomia é a capacidade de autodeterminação de um ser humano ou de uma coletividade. Segundo Franco, é o "poder de se administrar por si mesmo, criando as normas — *nomos*, para si mesmo — *auto*". Mas, conforme adverte o mesmo autor, o exercício da autonomia pressupõe uma relação de poder, de vez que cada um, em sua autossuficiência, não se volta à realização da humanização. Assim, para romper com a lógica do poder, a autonomia deve se universalizar, por meio da construção de um "mundo unificado por comum-humanização".[238]

O conceito de autonomia adotado neste livro tem, portanto, uma dimensão de alteridade e seu desenvolvimento ocorre nos locais em que as pessoas erigem suas vidas e enfrentam as dificuldades, em comunhão com as outras. Nestas arenas locais — doméstica, comunitária, e de cidadania — é que os cidadãos podem desenvolver a capacidade de refletir, dialogar e decidir em comunhão os seus conflitos, dando ensejo à realização da autonomia política, no sentido de resgate do *auto nomos*, condição para a radicalização da democracia. Esta requer mais participação popular, menos exclusão social e, consequentemente, mais justiça social. São nestas esferas

---

[238] FRANCO. *Ação local*: a nova política da contemporaneidade, p. 61, 80.

que o cidadão comum sente que é possível intervir na vida política, exercitando a cidadania. Nestes espaços, as pessoas constroem suas relações e fazem escolhas ao longo da vida. No âmbito local, o cidadão se sente mais capacitado, ao constatar que é possível participar e influir nas decisões que digam respeito à sua vida, transformando-se em protagonista da própria história.

Estes espaços são os *auditórios relevantes* dos quais nos fala Sousa Santos,[239] na qual a *novíssima retórica* pode ser praticada.

Vimos que para que haja um equilíbrio dinâmico que penda a favor da emancipação, há que se transformar a solidariedade em forma hegemônica de saber. Para tanto, a estratégia é a proliferação destas novas comunidades que englobam o senso comum, o conhecimento, a vida, os conflitos, os consensos. É a reinvenção da comunidade por meio do exercício de novas práticas que criem solidariedade.

Mas este não é um processo espontâneo, pois não se trata de criar uma reunião de consensos indistintamente. Este é um processo histórico que deve ser construído e uma de suas ferramentas é a justiça comunitária, capaz de transformar conflitos em oportunidades emancipatórias.

Posto que as esferas aqui identificadas como espaços privilegiados para a reinvenção da emancipação não são estatais, há que se analisar o papel que o Estado pode vir a desempenhar nesta nova articulação entre direito, ética e justiça.

5.4 O Estado como novíssimo movimento social

A retração do Estado como instrumento regulatório revela que uma nova forma de organização política está a emergir, "articulada pelo Estado e composta por um híbrido painel de fluências, redes e organizações nos quais elementos estatais, não estatais, nacionais e globais combinam e se interpenetram".[240]

O *Estado como novíssimo movimento social*[241] é um processo de criação de um espaço público não estatal. Nesta nova constelação política, o Estado fragmentado converte-se em um campo de disputas de diferentes projetos e interesses. De um lado, novas formas

---

[239] SOUSA SANTOS. *A crítica da razão indolente*: contra o desperdício da experiência, p. 106.
[240] SOUSA SANTOS. *Toward a New Legal Common Sense*, p. 489.
[241] SOUSA SANTOS. Reinventar a democracia, p. 59-69.

de *fascismo societal* buscam consolidar suas regulações despóticas, privatizando a esfera estatal. De outro, forças democráticas buscam espaço para a experimentação de projetos que contribuam para o exercício de uma democracia redistributiva.

Cabe, pois, ao Estado o papel de coordenação das diferentes organizações que atuam no campo destas disputas. A ação política — que antes era voltada à democratização do monopólio regulador do Estado — hoje demanda a democratização da perda desse monopólio.[242]

O Estado está a desempenhar uma tarefa redistributiva, na medida em que coordena e cria os critérios de inclusão e exclusão sociais. Neste novo cenário, a democracia também deve ser redistributiva, não se limitando à sua forma representativa. A democracia participativa opera não somente nesta coordenação estatal, mas, sobretudo, no espaço público em que os agentes privados disputam seus interesses. Assim, "não faz sentido democratizar o Estado se simultaneamente não se democratizar a esfera não-estatal. Só a convergência dos dois processos de democratização garante a reconstituição do espaço público de deliberação democrática".[243]

Democracia participativa implica cidadania ativa e o seu incremento constitui um mecanismo de combate à proliferação dos fascismos societais que emergem como resultado da perda do monopólio regulatório do Estado.

A conversão do Estado em *novíssimo movimento social* pressupõe ainda a busca por novos investimentos, novas experiências. Trata-se do espaço no qual desenhos institucionais alternativos vão sendo esboçados, a fim de experimentar novas formas de deliberações democráticas sobre diversos aspectos da sociabilidade.

A construção de um direito democrático é, pois, parte integrante desta estratégia. Neste contexto, a emergência de novas formas de resolução de conflitos voltadas para o resgate da autodeterminação e da solidariedade confere ao cidadão comum o *status* de protagonista na construção de uma justiça participativa. Ao Estado cabe a tarefa de valorizar e até mesmo promover as iniciativas comunitárias de realização da justiça, investindo na sua capacidade emancipatória e de neutralização dos fascismos societais.

Na sua relação com o Estado, a justiça comunitária deve preservar a sua autonomia, o que não implica rejeição dos recursos

---
[242] *Idem*, p. 61.
[243] *Ibidem*, p. 62.

estatais que promovam a sua implantação. É o uso não hegemônico de um instrumento hegemônico.

5.5 A Justiça Comunitária para a Emancipação. Uma síntese parcial

A reunião dos componentes até aqui analisados, sob a abordagem da *teoria da pós-modernidade de oposição* demonstra ser possível e necessária a articulação entre direito, ética, democracia e justiça social, sob um enfoque transformador.

Nesta perspectiva, a justiça comunitária constitui um movimento contra-hegemônico a desafiar a imposição de um modelo de realização da justiça monolítico e pretensamente universal.

A justiça comunitária para a emancipação cria uma cadeia circular entre o conflito, o diálogo, a solidariedade, a comunidade em rede e o Estado, sob a qual novas práticas sociais emergem.

É a partir de um novo olhar sobre o conflito que a retórica dialógica surge como uma ferramenta de mediação capaz de criar novos saberes e promover a alteridade. Esta transição do colonialismo para a solidariedade tece novas redes sociais nas esferas próximas da vida — o espaço doméstico, a comunidade, a cidadania. A participação do Estado neste processo, estimulando as iniciativas e coordenando as diferentes experiências, resguardada a autonomia comunitária, potencializa a capacidade de transformação social exatamente no local onde os conflitos emergem. E aqui temos o reinício da cadeia circular a gerar novos conflitos e novos diálogos.

Assim, a mediação comunitária mostra-se apta a operar em diversos setores da vida. No espaço doméstico, as relações sociais são preservadas por meio de uma mediação voltada para o resgate do afeto e para a partilha da responsabilidade sob a prestação de cuidados mútuos. No espaço comunitário, a mediação dos conflitos voltada para a corresponsabilidade na busca de soluções comuns, cria novas relações sociais de respeito à diversidade, de criação de uma identidade múltipla e de exercício da alteridade. Por fim, no espaço da cidadania, a mediação possibilita a radicalização da democracia, na medida em que restitui ao cidadão a capacidade de autodeterminação, realiza os Direitos Humanos e transforma as relações de poder.

Nesse sentido, é fundamental que as práticas de mediação sejam protagonizadas por membros da própria comunidade, posto que mediadores estranhos ao universo cultural comunitário não estão aptos a desempenhar uma tarefa que, como vimos, não se limita a celebrar consensos. Estes novos atores podem vir a ser os que operam junto aos movimentos sociais, ou mesmo os que, a partir da prática da mediação, passem a integrá-los ou mesmo constituí-los. Todo o potencial emancipatório dos movimentos populares pode estar articulado a novas práticas de resolução de conflitos. Conforme adverte José Geraldo de Sousa Junior, a mobilização popular dos movimentos sociais instaura "práticas políticas novas, em condições de abrir espaços inéditos e de revelar novos atores na cena política capazes de criar direitos".[244]

Além disso, os núcleos de mediação comunitária devem buscar uma comunicação com instituições estatais ou não estatais voltadas para outras finalidades que não necessariamente a mediação, de forma a criar uma rede de múltiplos saberes que se intercomuniquem, potencializando assim o trabalho e a formação de seus mediadores como agentes de transformação social. A mediação comunitária pode, pois, contribuir para a articulação entre diversos agentes coletivos.[245]

Por fim, a articulação em rede de experiências de justiça comunitária, em escala nacional e global, pode fundar um movimento alternativo capaz de promover um diálogo por meio da troca de experiências, criando um auditório contra-hegemônico que, sob um movimento duplo, localize o global e globalize o local, a partir de uma *teoria da tradução*.

O alvo deste movimento é a comunidade excluída socialmente, na medida em que a justiça comunitária para a emancipação busca a inclusão social, como uma das dimensões da efetivação dos Direitos Humanos. O potencial transformador dos conflitos e a energia emancipatória da mediação comunitária são, pois, os nossos pontos de partida.

A fim de promover o confronto entre os elementos teóricos que integram este livro e a realidade concreta, a experiência do Programa Justiça Comunitária construída no Distrito Federal, ao longo dos últimos dez anos, será analisada, no próximo capítulo.

---

[244] SOUSA JUNIOR. *Sociologia jurídica*: condições sociais e possibilidades teóricas, p. 45.

[245] Conforme Sousa Junior, "caracterizados a partir de suas ações sociais, estes novos movimentos sociais, vistos como indicadores da emergência de novas identidades coletivas, isto é, coletividades políticas, sujeitos coletivos, puderam elaborar um quadro de significações culturais de suas próprias experiências, ou seja, do modo como vivenciam suas relações, identificam interesses, elaboram suas identidades e afirmam direitos" (SOUSA JUNIOR. *Sociologia jurídica*: condições sociais e possibilidades teóricas, p. 47).

CAPÍTULO 6

O PROGRAMA JUSTIÇA COMUNITÁRIA DO DISTRITO FEDERAL[246]

Sumário: 6.1 Histórico – **6.2** O Programa Justiça Comunitária. Linhas gerais – **6.3** O *locus*: a comunidade – **6.3.1** O conceito de comunidade – **6.3.2** Conhecendo o *locus*. A cartografia social – **6.3.3** As redes sociais – **6.4** Os atores sociais: Agentes Comunitários de Justiça e Cidadania – **6.5** Os três pilares do Programa Justiça Comunitária – **6.5.1** Educação para os direitos – **6.5.2** Mediação comunitária – **6.5.3** Animação de redes sociais – **6.6** A equipe multidisciplinar – **6.7** Os Núcleos Comunitários de Justiça e Cidadania – **6.8** O Centro de Formação e Pesquisa em Justiça Comunitária – **6.8.1** Pressupostos epistemológicos – **6.8.2** Os encontros mensais – **6.8.3** A programação curricular – **6.8.3.1** Cidadania, Direito e Direitos Humanos – **6.8.3.2** Os cursos e as oficinas de mediação – **6.8.3.3** A capacitação para a animação de redes sociais – **6.8.4** O corpo docente – **6.8.5** A avaliação do processo de aprendizagem – **6.8.6** Os recursos pedagógicos – **6.9** As demandas do Programa Justiça Comunitária – **6.9.1** As estatísticas – **6.9.2** O perfil das demandas – **6.9.3** Os conflitos criminais – **6.9.3.1** Um caso a ser avaliado: o "muro da discórdia" – **6.9.4** Ilustração de alguns casos concretos – **6.9.4.1** O caso do aluguel entre famílias amigas – **6.9.4.2** O caso do casamento – **6.9.4.3** O caso da vaca – **6.9.4.4** O caso das mães das crianças especiais

6.1 Histórico

O Programa Justiça Comunitária do Distrito Federal (PJC-DF) nasceu a partir da experiência advinda do Juizado Especial Cível Itinerante do TJDFT, o qual busca atender as comunidades do Distrito Federal com dificuldades de acesso à justiça formal. Durante os primeiros três anos — entre 1999 e 2001 — de experiência no interior

---
[246] Parte do conteúdo deste capítulo foi extraída da obra *Justiça Comunitária*: uma experiência. 2. ed. Brasília: Ministério da Justiça, 2008, cuja redação e organização é de responsabilidade de Gláucia Falsarella Foley. O inteiro teor do Programa Justiça Comunitária do TJDFT encontra-se também disponível no sítio do Programa: <http://www.tjdft.jus.br/tribunal/institucional/proj_justica_comunitaria/comunitaria.htm>

de um ônibus especialmente adaptado para a realização de audiências, foi possível constatar que a absoluta falta de conhecimento dos cidadãos em relação aos seus direitos dificulta a produção probatória, tendo em vista a informalidade com que os negócios são firmados nestas comunidades. Nesse sentido, a celeridade da prestação jurisdicional oferecida nem sempre se convertia em satisfação dos interesses materiais das partes envolvidas nas demandas.

Um fato, porém, revelava o êxito da experiência. Aproximadamente 80% da demanda do Juizado Itinerante resultavam em acordo. Esse dado confirmou que a iniciativa do ônibus efetivamente rompeu obstáculos de acesso à justiça, tanto de ordem material quanto simbólica. A ruptura com a "liturgia forense" e a horizontalidade com a qual as audiências eram realizadas ajudaram a criar um ambiente de confiança favorável ao alto índice de acordos constatados.

Contudo, apesar dos acordos não resultarem de nenhum tipo de coerção, o que se verificava, à época, era que nem sempre os seus conteúdos correspondiam ao sentimento de justeza trazido por cada parte ao processo. Como a produção probatória era difícil, os acordos pareciam resultar de uma razão meramente instrumental que levava à renúncia parcial do direito, a fim de se evitar os riscos de uma sucumbência total. Esse "consenso da resignação" parecia contrariar todo o esforço de se buscar a democratização do acesso à justiça formal.

Estas constatações — a falta de informação dos cidadãos em relação aos seus mais básicos direitos, aliado ao sucesso oriundo da oportunidade do diálogo oferecida pelo serviço itinerante — impulsionaram a reflexão sobre a possibilidade de se desenvolver na comunidade espaços nos quais fosse possível a democratização do acesso à informação e o estabelecimento de canais de comunicação visando a consensos justos do ponto de vista de seus protagonistas. Para tanto, o clássico "operador do Direito" deveria ceder lugar a pessoas comuns que partilhassem o código de valores e a linguagem comunitária e, desta forma, pudessem fazer as necessárias traduções e adaptações à realidade local. Delineava-se, assim, o primeiro esboço do Programa Justiça Comunitária.

Seus contornos, porém, ganharam maior definição no decorrer do debate havido entre os representantes das entidades parceiras,[247]

---

[247] Durante o segundo semestre de 1999, as instituições parceiras envolvidas nessa elaboração foram as seguintes: Defensoria Pública do Distrito Federal; Faculdade de Direito da Universidade de Brasília; Ministério Público do Distrito Federal e Territórios; a Comissão de Direitos Humanos da Ordem dos Advogados do Brasil — Secção Distrito Federal e a Secretaria Especial de Direitos

os quais imprimiram, a partir da perspectiva de cada instituição, a sua contribuição para a elaboração do Programa, cujos breves traços se apresentam a seguir.

6.2 O Programa Justiça Comunitária. Linhas gerais

O Programa Justiça Comunitária foi criado em outubro de 2000 com o objetivo de democratizar a realização da justiça, restituindo ao cidadão e à comunidade a capacidade de gerir seus próprios conflitos com autonomia e solidariedade.

Atualmente, o Programa está instalado nas regiões administrativas da Ceilândia, Taguatinga e Samambaia, com 332.455, 223.452 e 147.907 habitantes, respectivamente.[248] O Programa conta com aproximadamente 80 Agentes Comunitários que, na qualidade de membros das comunidades nas quais atuam, compartilham a linguagem e o código de valores comunitários.

Os Agentes Comunitários são credenciados junto ao Programa por meio de um processo de seleção levado a efeito por sua equipe multidisciplinar. Encerrada essa etapa, os selecionados iniciam uma capacitação permanente junto ao Centro de Formação e Pesquisa em Justiça Comunitária, em Direitos Humanos, noções básicas de Direito, formação em mediação comunitária e em animação de redes sociais.

Humanos da Presidência da República, além do próprio Tribunal de Justiça do Distrito Federal e Territórios. Atualmente, os parceiros institucionais do PJC-DF são os seguintes: Secretaria de Reforma do Judiciário do Ministério da Justiça (SRJ-MJ); Secretaria Nacional de Segurança Pública do Ministério da Justiça (SENASP-MJ); Defensoria Pública do Distrito Federal (DPDF); Faculdade de Direito da Universidade de Brasília (UnB); Ministério Público do Distrito Federal e Territórios (MPDFT) e Programa das Nações Unidas para o Desenvolvimento (PNUD). A sólida parceria firmada com a Secretaria de Reforma do Judiciário do Ministério da Justiça, no âmbito do Pronasci, resultou na implantação de outros 36 núcleos de Justiça Comunitária em diversas regiões do país, transformando a experiência do Distrito Federal em referência na elaboração de uma política pública de alcance nacional.

[248] Estima-se que a população atual é de aproximadamente o dobro. Fonte: SEPLAN/CODEPLAN — Pesquisa distrital por amostra de domicílios — 2004. A próxima atualização populacional só será realizada com o censo do IBGE de 2010.

A atuação dos Agentes Comunitários é acompanhada por uma equipe multidisciplinar que orienta as atividades correspondentes aos três pilares de sustentação do Programa: 1. educação para os direitos; 2. mediação comunitária; e 3. animação de redes sociais.

Atividades	Objetivos Democratização
1- Educação para os Direitos	1- do conhecimento dos direitos
2- Mediação Comunitária	2- da realização da justiça
3- Animação de Redes Sociais	3- da sociedade

A primeira atividade tem por objetivo democratizar o acesso às informações dos direitos dos cidadãos, decodificando a complexa linguagem legal. Para tanto, os Agentes Comunitários produzem, em comunhão com os membros da equipe multidisciplinar, materiais didáticos e artísticos, tais como: cartilhas, filmes, teatro, musicais, dentre outros, com base no processo de aprendizagem decorrente da formação continuada a qual estão submetidos.[249]

A mediação comunitária, por sua vez, é uma importante ferramenta para a democratização da própria realização da justiça, eis que promove empoderamento e emancipação social. Por meio desta técnica, as partes direta e indiretamente envolvidas no conflito têm a oportunidade de refletir sobre o contexto de seus problemas, de compreender as diferentes perspectivas e, ainda, de construir em comunhão uma solução que possa garantir, para o futuro, a pacificação social.

A terceira atividade democratiza a própria gestão da comunidade ao transformar o conflito — por vezes, aparentemente individual — em oportunidade de mobilização popular e criação de redes solidárias entre pessoas que partilham de problemas — e recursos — comuns.

Ao desenvolver essas atividades, o Programa Justiça Comunitária tem por pretensão a transformação de comunidades fragmentadas em espaços abertos para o desenvolvimento do diálogo, da autodeterminação, da solidariedade e da paz.

6.3 O *locus*: a comunidade

A complexidade e a fragmentação da realidade social são traços da contemporaneidade impressos nas esferas mundial e local. Em toda sociedade, porém, há agrupamentos humanos unidos por uma identidade territorial que confere à comunidade o *status* de *locus* privilegiado para o desenvolvimento de programas de transformação social.

Para Kisil é na esfera territorial — ou seja, no local onde as pessoas nascem, estudam e estabelecem suas relações — que

---

[249] O material produzido, até o momento, está disponível no sítio: <http://www.tjdft.jus.br/tribunal/institucional/proj_justica_comunitaria/comunitaria.htm>

os indivíduos se reconhecem como pertencentes a uma mesma comunidade.[250]

É nesse sentido que o Programa Justiça Comunitária do Distrito Federal adota a comunidade como esfera privilegiada de atuação, porque concebe a democracia como um processo que, quando exercido em nível comunitário, por agentes e canais locais, promove inclusão social e cidadania ativa, a partir do conhecimento local. É na instância da comunidade que os indivíduos edificam suas relações sociais e podem participar de forma mais ativa das decisões políticas. É nesse cenário que se pode estimular a capacidade de autodeterminação do cidadão e de apropriação de sua própria história.

6.3.1 O conceito de comunidade

Em meio à vasta literatura sociológica dedicada a conceituar comunidade, a definição talhada por Rogério e Lycia Neumann revela-se bastante útil para esta obra, considerando a sua objetividade: "comunidade significa um grupo de pessoas que compartilham de uma característica comum, uma 'comum unidade', que as aproxima e pela qual são identificadas".[251]

Conforme os próprios autores alertam, em geral, a unidade comum é a região onde as pessoas vivem, mas nada impede que uma comunidade seja constituída a partir de interesses e/ou causas partilhados. De qualquer sorte, no núcleo do conceito está localizada a ideia de identidade compartilhada.

Na formulação do Programa Justiça Comunitária, a denominação comunidade é atribuída àqueles agrupamentos humanos que vivem na mesma localização geográfica e que, nesta condição, tendem a partilhar dos mesmos serviços — ou da ausência deles — problemas, códigos de conduta, linguagem e valores.

A partilha territorial, entretanto, não leva necessariamente à construção de uma comunidade coesa socialmente. Essa

---

[250] "A fonte mais imediata de auto-reconhecimento e organização autônoma é o território. As pessoas identificam-se com os locais onde nascem, crescem, vão à escola, têm seus laços familiares, enfim se socializam e interagem em seu ambiente local, formando redes sociais com seus parentes, amigos, vizinhos, organizações da sociedade civil e autoridades do governo" (KISIL, Marcos. *Comunidade*: foco de filantropia e investimento social privado. São Paulo: Global, Instituto para o Desenvolvimento Social (IDIS), 2005. p. 38).

[251] NEUMANN, Lycia Tramujas Vasconcellos; NEUMANN, Rogério Arns. *Repensando o investimento social*: a importância do protagonismo comunitário. São Paulo: Global, Instituto para o Desenvolvimento Social (IDIS), 2004 (Coleção Investimento Social). p. 20-21.

característica vai depender do grau de conexão entre seus membros e de sua capacidade de promover desenvolvimento local, ou seja, de gerar capital social.

O capital social, por sua vez, depende do grau de coesão social "que é demonstrado nas relações entre as pessoas ao estabelecerem redes, normas e confiança social, facilitando a coordenação e a cooperação para o benefício mútuo".[252]

Segundo Robert C. Chaskin,[253] a aferição da coesão social de uma comunidade se dá a partir da análise de quatro elementos, a saber: 1. senso de comunidade ou grau de conectividade e reconhecimento recíproco; 2. comprometimento e responsabilidade de seus membros pelos assuntos comunitários; 3. mecanismos próprios de resolução de conflitos; 4. acesso aos recursos humanos, físicos, econômicos e políticos, sejam locais ou não.

Assim, onde há identidade partilhada, haverá coesão social, cuja criação depende da mobilização popular e do envolvimento com os problemas e soluções locais. Há, portanto, segundo Putman,[254] um ciclo virtuoso entre capital social e desenvolvimento local sustentável. Nesse sentido, desenvolver comunidade é um processo que "agrega valores éticos à democracia e constrói laços de solidariedade".[255]

6.3.2 Conhecendo o *locus*. A cartografia social

O agir local demanda a compreensão da área de atuação por meio de uma cartografia social. Primeiramente, é preciso definir o que se pretende com a confecção de um mapeamento social. Um mapa da rede social não se resume a uma fotografia momentânea dos elementos identificados, mas um guia para subsidiar o diálogo entre estes elementos a servir de base para uma permanente animação das redes sociais.

A identificação das organizações sociais presentes em cada comunidade na qual o Programa Justiça Comunitária opera é

---

[252] AUSTRALIAN BUREAU OF STATISTICS. *Social Capital and Social Wellbeing apud* NEUMANN; NEUMANN. *Repensando o investimento social*: a importância do protagonismo comunitário, p. 47.
[253] CHASKIN, Robert J. Defining Community Capacity: a Framework and Implications from a Comprehensive Community Initiative *apud* NEUMANN; NEUMANN. *Repensando o investimento social*: a importância do protagonismo comunitário, cit., p. 24.
[254] PUTNAM, Robert D. *Comunidade e democracia*: a experiência da Itália moderna. 4. ed. Rio de Janeiro: Fundação Getúlio Vargas, 2005. p. 186.
[255] KISIL. *Comunidade*: foco de filantropia e investimento social privado, cit., p. 51.

fundamental para servir de referência para: a) o processo de seleção de novos agentes comunitários; b) o encaminhamento dos participantes para a rede social, quando a solução do conflito assim o demandar; c) o conhecimento das circunstâncias que envolvem os problemas comunitários e; d) a constituição de novas redes associativas ou o fortalecimento e a animação das já existentes quando a demanda ostentar potencial para tanto.

A partir da consciência de que a cartografia social é uma atividade em permanente construção, a definição territorial da área mapeada e de suas limitações obedece ao critério de local de moradia de cada Agente Comunitário, o que possibilita, inclusive, maior inserção dos Agentes em sua comunidade. A ideia é localizar deficiências e necessidades, mas também talentos, habilidades e recursos disponíveis. Essa estratégia permite que o mapeamento sirva de espelho para a comunidade que, ao se olhar, tenha consciência de seus problemas, mas também conheça as suas potencialidades, o que é essencial para a construção de uma identidade comunitária.[256]

Esse método também torna possível investigar em que medida as soluções para os problemas comunitários já existem ali mesmo, exatamente naquela comunidade que, por razões histórico-estruturais de exclusão social, em geral, não enxerga nenhuma solução para os seus problemas senão por meio do patrocínio de uma instituição externa àquele *habitat*. Essa conexão entre problemas e soluções promove "um senso de responsabilidade pela comunidade como um todo, o que cria uma espiral positiva de transformação social".[257]

Para que essa conexão efetivamente aconteça, é indispensável que o processo do mapeamento não tenha por objetivo tão somente a confecção de um banco de dados, repleto de informações úteis, porém sem ligação entre si. A construção permanente do banco de dados é, sobretudo, um meio de fortalecer relações e criar novas parcerias.

Segundo Lycia e Rogério Neumann, "ao identificar os recursos locais, os moradores passam a conhecer o potencial de sua comunidade e começam a estabelecer novas conexões, ou fortalecer as já existentes".[258]

---

[256] Para que a confecção do mapeamento seja algo lúdico, interessante e criativo, o Programa Justiça Comunitária desenvolveu o Projeto "RETRATE A SUA REALIDADE", pelo qual algumas máquinas fotográficas serão distribuídas aos Agentes Comunitários, em sistema de rodízio, para que os mesmos possam expressar os seus olhares sobre a realidade na qual vivem e atuam. As melhores fotos serão escolhidas em um concurso para posterior publicação.
[257] NEUMANN. *Desenvolvimento comunitário baseado em talentos e recursos locais* – ABCD, cit., p. 26.
[258] *Idem*, p. 23.

Embora não haja um momento de conclusão do mapeamento social, eis que se trata de um processo permanente na mesma medida da dinâmica social, é fundamental que os resultados parciais sejam objeto de partilha e debate na comunidade. Além disso, é importante que, periodicamente, sempre que possível, haja uma análise dos resultados alcançados a partir da confecção do mapa, tais como parcerias, empreendimentos ou eventos desencadeados a partir desse processo.

6.3.3 As redes sociais

As redes sociais são a expressão dos contornos da contemporaneidade. Para Castells,[259] "redes constituem a nova morfologia social de nossas sociedades, e a difusão da lógica de redes modifica de forma substancial a operação e os resultados dos processos produtivos e de experiência, poder e cultura". O padrão de organização em rede caracteriza-se pela multiplicidade dos elementos interligados de maneira horizontal. Os elos de uma rede se comunicam voluntariamente sob um acordo intrínseco que revela os traços de seu *modus operandi*: "o trabalho cooperativo, o respeito à autonomia de cada um dos elementos, a ação coordenada, o compartilhamento de valores e objetivos, a multiliderança, a democracia e, especialmente, a desconcentração do poder".[260]

Conforme já assinalado, o mapeamento social permite a descoberta das vocações, talentos, potencialidades, carências e problemas da comunidade e de seus membros. No decorrer da permanente sistematização e análise dos dados coletados, é importante que haja um movimento que conecte as iniciativas e organizações comunitárias, colocando-as em permanente contato e diálogo.

A animação de redes sociais tem por objetivo promover capital social, cujo grau, embora não possa ser mensurado,[261] pode ser avaliado a partir da presença dos seguintes elementos na comunidade: sentimento de pertença, reciprocidade, identidade na diferença, cooperação, confiança mútua, elaboração de respostas locais, emergência de um projeto comum, repertório compartilhado

---

[259] CASTELLS, Manuel. *O poder da identidade*. Rio de Janeiro: Paz e Terra, 1999. p. 497. (A era da informação: economia, sociedade e cultura, 2).
[260] MARTINHO, Cássio. O projeto das redes: horizontalidade e insubordinação. *Revista Aminoácidos*, Brasília, Agência de Educação para o Desenvolvimento (AED), n. 2, p. 101, 2002.
[261] FRANCO, Augusto de. *Capital social*. Brasília: Instituto de Política; Millennium, 2001, p. 62.

de símbolos, ações, conceitos, rotinas, ferramentas, estórias e gestos, relacionamento, comunicação, realização de coisas em conjunto.

Mas, como promover estes encontros em face de uma realidade que estimula o ceticismo na comunidade e até mesmo certo grau de resignação de seus membros em relação aos temas afetos à vida política? Conforme Neumann assevera,

> Nas comunidades de baixa renda, a alta migração de moradores, a violência, a insegurança e a desconfiança de tudo e de todos tendem a quebrar as relações sociais e a isolar as pessoas em suas casas e espaços, não permitindo que compartilhem anseios, dúvidas e medos. Um trabalho de desenvolvimento de uma comunidade de dentro para fora deve começar por aproximar as pessoas e ajudá-las a construir ou fortalecer as relações e confiança mútua.[262]

Nesse sentido, é fundamental que os Agentes Comunitários e a equipe multidisciplinar mantenham em suas agendas permanentes contatos com a comunidade, por meio de reuniões previamente organizadas.

Estas reuniões devem propiciar que o tema que as ensejaram seja objeto de reflexão, abordagem e troca de saberes diferenciados, incluídos o dos técnicos que eventualmente participem e daquele produzido localmente. Também deve haver um espaço para falar do futuro que é sempre um norteador dos esforços comunitários.

Ao proporcionar esses encontros e promover esses diálogos, os Agentes Comunitários agem como tecelões contribuindo para que essa teia social se fortaleça e integre a construção de uma comunidade coesa.

6.4 Os atores sociais: Agentes Comunitários de Justiça e Cidadania

Os Agentes Comunitários são selecionados considerando a adequação de seus perfis ao exercício das seguintes atividades práticas:

1. atender os solicitantes que estejam envolvidos em um conflito individual ou coletivo;

---

[262] NEUMANN, Lycia Tramujas Vasconcellos. *Desenvolvimento comunitário baseado em talentos e recursos locais* – ABCD, cit., p. 32.

2. refletir com a tríade profissional[263] instalada no Núcleo Comunitário de Justiça e Cidadania, sobre as possibilidades de encaminhamento do caso atendido;
3. caso a demanda não seja adequada à mediação e, havendo interesse do(a) solicitante, o Agente Comunitário poderá encaminhá-lo(a) aos núcleos de assistência judiciária gratuitos ou sugerir que procure um(a) advogado(a) de sua confiança para o ajuizamento da competente ação judicial;
4. caso a demanda seja administrativa, informar às pessoas ou grupos sobre os órgãos competentes e documentos necessários para o melhor encaminhamento do caso;
5. se o caso ostentar vocação para a mediação, esclarecer sobre esta técnica de resolução de conflitos e estimular que todos os participantes do conflito experimentem esta possibilidade;
6. mediar, em parceria, conflitos entre pessoas ou grupos interessados em solucioná-los sem a intervenção do Poder Judiciário, com vistas a obter um acordo mutuamente aceitável;
7. fazer o acompanhamento do caso atendido, mesmo após a celebração formal do acordo;
8. procurar integrar-se à comunidade participando dos eventos comunitários e/ou promovidos por entes públicos;
9. incentivar a construção de redes na comunidade, para a busca coletiva das soluções mais adequadas aos problemas comuns;
10. divulgar o Programa Justiça Comunitária na comunidade, mediante distribuição de panfletos, reuniões com grupos diversos, entrevistas nos meios de comunicação, apresentação de peças teatrais, dentre outros;
11. participar dos encontros de formação multidisciplinar do Centro de Formação e Pesquisa em Justiça Comunitária;
12. realizar levantamento das instituições e dos movimentos sociais que operam na área de atuação correspondente a cada Agente (confecção do mapeamento social);
13. partilhar com a comunidade as informações coletadas na confecção do mapeamento social;

---

[263] A tríade profissional é composta por um psicólogo, um advogado e um assistente social. Nesta reflexão, cada profissional interpreta a demanda trazida ao PJC-DF a partir de sua perspectiva profissional, cujo conhecimento é somado ao saber do Agente Comunitário responsável pela demanda.

14. buscar a integração entre a comunidade e as instituições mapeadas, visando à animação de redes sociais;
15. solicitar ajuda à equipe multidisciplinar, sempre que necessário, para a reflexão e compreensão do papel desempenhado;
16. buscar atualizar-se constantemente, por meio de leituras, debates com os demais Agentes, presença nos encontros do Centro de Formação, entre outros.

Para que estas atividades do programa sejam subordinadas à necessidade comunitária, é indispensável que seus principais operadores sejam integrantes da comunidade na qual se pretende atuar, porque não haveria sentido algum se a abordagem efetivamente comunitária de realização da justiça dependesse da atuação direta de técnicos sem qualquer afinidade com a ecologia local, ou seja, a linguagem e o código de valores próprios.

O palco privilegiado da justiça comunitária é, pois, a comunidade que, embora permeada por dificuldades sociais, agrega membros com talentos e habilidades os quais são potencializados quando mobilizados por um trabalho comunitário que efetivamente traduza as aspirações e necessidades locais.

O fato de os Agentes Comunitários necessariamente pertencerem aos quadros da comunidade na qual o Programa opera é essencial para que haja sintonia entre os anseios e as ações locais. É por meio do protagonismo dos agentes locais que a comunidade poderá formular e realizar a sua própria transformação.

Poder-se-ia questionar o seguinte: se o objetivo do PJC-DF é promover o protagonismo e a autonomia comunitária, não seria mais coerente que a própria comunidade selecionasse os seus mediadores? Em outras palavras, não seria um paradoxo exercer um controle estatal na definição do quadro de Agentes Comunitários se o que se busca, em última instância, é a autonomia comunitária? Tais questionamentos são pertinentes porque veiculam a clássica tensão entre regulação e emancipação.

O fato de o Programa ser coordenado por um Tribunal de Justiça — e, consequentemente lidar com financiamento público sujeito à prestação de contas e ao controle interno e externo — faz com que o pilar da regulação esteja inevitavelmente presente em seu desenho institucional. Ainda que as entidades envolvidas na organização de outros programas de justiça comunitária ostentem natureza diversa da judiciária, ainda assim é muito provável — e necessário — que haja esta regulação, na medida em que, em geral, tais programas são patrocinados com verbas públicas, nacionais ou internacionais.

Assim, não obstante o indispensável controle administrativo e a exigência na prestação de um serviço de qualidade, o caráter emancipató rio da experiência somente estará em risco se suas atividades reproduzirem velhos paradigmas, negando novas identidades e impondo conceitos pautados na autoridade da lei. Apesar da inevitável tensão entre regulação e emancipação, se o objetivo da prática de justiça comunitária — seja qual for o seu desenho institucional — for a transformação da comunidade, ao invés da acomodação social, a prevalência da emancipação estará assegurada.

Nesse sentido, muito embora haja um controle estatal na seleção e na atuação dos Agentes Comunitários é essencial que se busque desenvolver mecanismos que assegurem maior participação da comunidade neste processo seletivo e na própria gestão do Programa.

6.5 Os três pilares do Programa Justiça Comunitária

Cada Agente Comunitário atua, preferencialmente, na área adjacente ao seu local de moradia, atendendo as demandas individuais e/ou coletivas que lhe forem apresentadas diretamente pelos cidadãos ou encaminhadas pelo Núcleo Comunitário respectivo.

A depender da natureza do conflito apresentado, várias são as possibilidades que podem ser propostas pelos Agentes Comunitários aos membros de sua comunidade. O encaminhamento sugerido ao caso concreto é definido em uma reunião entre os Agentes Comunitários e a tríade multidisciplinar que atua no Núcleo Comunitário de Justiça e Cidadania. De qualquer sorte, sempre que possível, o Agente Comunitário buscará estimular o diálogo entre as partes em conflito, propondo, quando adequado, o processo de mediação.

Basicamente, as atividades desempenhadas pelos Agentes Comunitários correspondem aos três pilares de sustentação do PJC-DF que são as seguintes: 1. educação para os direitos; 2. mediação comunitária; e 3. animação de redes sociais.

6.5.1 Educação para os direitos

O desconhecimento dos cidadãos sobre seus direitos e sobre os instrumentos disponíveis para a sua efetivação constitui um dos obstáculos para a realização da justiça, porque, a linguagem forense, cunhada no ordenamento jurídico pelos seus operadores e, ainda, o formalismo e a complexidade do sistema processual dificultam o acesso ao sistema judicial. Nesse sentido, a democratização da informação jurídica é um dos pressupostos da igualdade entre os cidadãos, razão pela qual a sua promoção é uma das atividades desenvolvidas pelos Agentes Comunitários de Justiça e Cidadania.

A democratização da informação promovida pelo Programa, por meio da educação para os direitos, revela uma dimensão tridimensional: a) preventiva, porque evita futuros litígios que seriam deflagrados pela mera ausência de informação; b) emancipatória, na medida em que proporciona empoderamento das partes em disputa para que eventual processo de mediação possa proporcionar um diálogo em situação de igualdade; e c) pedagógica, ao reunir condições para que o cidadão compreenda como buscar, na via judiciária ou na rede social, a satisfação dos seus direitos, quando e se necessário.

As atividades de educação para os direitos do Programa têm por base a produção e a apresentação de recursos pedagógicos — cartilhas, musicais, cordéis e peças teatrais — criados sob a inspiração da arte popular que, além de contribuir para a democratização do acesso à informação, fortalece as raízes culturais brasileiras e o resgate da identidade cultural entre os membros da comunidade.

Além da produção e apresentação desse material didático na comunidade, os Agentes Comunitários realizam encaminhamentos sociojurídicos, que são outra dimensão da educação para os direitos. Isto significa afirmar que, quando o conflito não pode ser submetido à mediação — seja porque as partes não o desejam ou em razão da natureza da demanda não o permitir — os Agentes Comunitários fornecem informações para que os solicitantes possam encaminhar suas demandas aos órgãos — da rede social ou judiciária — adequados.

Nem todo conflito, porém, enseja exclusivamente o ajuizamento de ação judicial. Assim, quando as partes envolvidas no conflito tenham dúvidas quanto ao melhor encaminhamento a ser dado no caso concreto, o Agente Comunitário poderá atendê-lo, no sentido de esclarecer quais os serviços públicos — judiciários, sociais ou psicológicos — que podem ser acionados. Para tanto, o Agente Comunitário utilizará as informações sistematizadas no Guia de Encaminhamento.[264]

---

[264] O Guia de Encaminhamento é um material confeccionado pela equipe multidisciplinar do Programa para que o Agente Comunitário tenha fácil acesso aos dados relativos às entidades e serviços

6.5.2 Mediação comunitária

O conflito não pode mais ser visto como algo necessariamente negativo. Posto que inerente à vida, este fenômeno é o resultado natural das diferenças entre os seres humanos. Assim, uma nova concepção de justiça deve atribuir sentido positivo aos conflitos, visando superá-los de forma criativa e, quando possível, solidária.

O processo judicial, como ferramenta para a resolução de conflitos, exalta o contraditório, divide dialeticamente o certo do errado, atribui culpa e identifica, ao final, ganhadores e perdedores. Mesmo quando o processo judicial celebra a conciliação e formaliza a composição judicial, o acordo nem sempre se mostra eficaz no que diz respeito ao senso de justiça que cada parte leva ao processo. Isso porque, muitas vezes, dados os riscos da sucumbência, a adesão ao consenso é movida por uma razão meramente instrumental.

Nesse sentido, há que se construir, por meio da razão dialógica, um consenso sobre a justeza da solução que ajude a edificar a ética da alteridade. Os protagonistas do conflito, quando interagem em um ambiente favorável, podem tecer uma solução mais sensata, justa e fundamentada em bases satisfatórias, tanto em termos valorativos quanto materiais.

Conforme analisado no capítulo 3 desta obra, a mediação constitui uma ferramenta eficiente para esta nova abordagem definida por Littlejohn como um "método no qual uma terceira parte imparcial facilita um processo pelo qual os disputantes podem gerar suas próprias soluções para o conflito".[265]

Qualquer que seja a técnica de mediação a ser aplicada, os elementos essenciais que a caracterizam são os mesmos: a) o processo é voluntário; b) o mediador é terceira parte desinteressada no conflito; c) o mediador não tem poder de decisão; d) a solução é construída pelas partes em conflito.

Quando operada em base comunitária, a mediação ganha especial relevo, na medida em que os mediadores são membros da própria comunidade. Nesse sentido, embora imparciais em relação ao interesse dos participantes, os Agentes Comunitários integram a

---

— sociais, judiciários, psicológicos — oferecidos pela rede pública. O conteúdo desse material está disponível no sítio do Programa <http://www.tjdft.jus.br/tribunal/institucional/proj_justica_comunitaria/comunitaria.htm>

[265] LITTLEJOHN, Stephen W. Book reviews: the Promise of Mediation: Responding to Conflict Through Empowerment and Recognition. by Roberto A. B. Bush and Joseph. P. Folger. *International Journal of Conflict*, p. 103, jan. 1995.

ecologia local, o que os torna aptos a identificar quais são os valores relevantes para a construção da solução.

Além disso, a dinâmica da mediação comunitária fortalece os laços sociais na medida em que opera *pela*, *para* e *na* própria comunidade, convertendo o conflito em oportunidade para se tecer uma nova teia social. Na mediação efetivamente comunitária, a própria comunidade produz e utiliza o conhecimento local para a construção da solução do problema que a afeta. Em outras palavras, a comunidade abre um canal para "dar respostas comunitárias a problemas comunitários".

Conforme já assinalado, a confecção do mapeamento social é fundamental para que os Agentes Comunitários possam sugerir eventual encaminhamento dos participantes da mediação comunitária à rede social, após a compreensão do contexto em que se situa o conflito. Assim, ao mesmo tempo em que se opera com uma abordagem voltada para o futuro, buscando evitar que aquele problema se perpetue, este enfoque de mediação possibilita a reflexão sobre as circunstâncias em que repousam os conflitos.

Nesse sentido, ainda que não haja acordo, a mediação não será considerada necessariamente falha, porque o objetivo é o aperfeiçoamento da comunicação e da participação da comunidade. A ideia subjacente é a de que a participação nas mediações comunitárias empodera os protagonistas do conflito e proporciona meios para administrá-lo pacificamente.

Quanto a este aspecto, adota-se, aqui, o modelo transformativo de Bush e Folger, segundo o qual a mediação será exitosa:

> (1) se as partes se conscientizaram das oportunidades de *empoderamento* e reconhecimento apresentadas durante o processo; (2) se as partes foram ajudadas a esclarecer suas metas, opções e recursos para fazer escolhas livres; (3) se as partes foram estimuladas ao *reconhecimento* em qualquer direção que a decisão tenha sido tomada.[266]

Muito embora as mediações familiares, quando realizadas com técnicas adequadas, proporcionem todos os benefícios da mediação — reflexão sobre as circunstâncias que envolvem o conflito; compreensão da perspectiva do outro participante no conflito; diálogo solidário diante da divergência de interesses; empoderamento

---

[266] BUSH, Robert A. Baruch; FOLGER, Joseph P. *The Promise of Mediation*: Responding to Conflict Through Empowerment and Recognition. San Francisco: Jossey-Bass, 1994. p. 81.

e emancipação das partes; resgate de laços afetivos; e respeito entre os participantes — o Programa Justiça Comunitária optou por desenvolver técnicas de mediação que também fossem adequadas a lidar com conflitos de maior impacto social, não se limitando, portanto, aos conflitos familiares.[267]

Assim, durante a realização dos cursos de formação em diferentes técnicas de mediação,[268] o Programa Justiça Comunitária iniciou um movimento de construção e consolidação de uma metodologia de mediação adequada aos conflitos efetivamente comunitários. Esse processo resultou na elaboração de um fluxograma de funcionamento da mediação; um formulário de atendimento para a pré-mediação e para a mediação; além do roteiro do mediador, um instrumental que contém o passo a passo da mediação e os princípios que norteiam a conduta ética do mediador. A propósito, um dos aspectos que envolvem a ética do mediador é a confidencialidade das informações, cujo termo deverá ser assinado pelos participantes e pelos mediadores, no início da sessão de mediação.[269]

Uma das medidas adotadas foi introduzir a possibilidade de os participantes diretamente envolvidos no conflito convidarem, mediante mútua anuência, terceiros — membros da rede pessoal e social das partes — para atuarem como suportes das partes do conflito e como colaboradores na construção de uma solução pacífica voltada para o futuro. Essa é uma técnica simples, mas com vocação para atuar sistemicamente, eis que proporciona maior envolvimento e consequente compromisso entre todos aqueles que direta ou indiretamente são afetados pelo conflito.

---

[267] Isso não significa afirmar que os conflitos familiares não tenham impacto social. O que se buscou foi a ampliação das demandas para além da seara familiar.

[268] Os cursos de capacitação em mediação realizados no decorrer desses dez anos de execução foram os seguintes: Workshop de Mediação (Professor Luis Alberto Warat), novembro de 2000; Curso de Formação em Mediação e Negociação para Agentes Comunitários de Justiça e Cidadania (Professores Luis Alberto Warat e Lígia Maria Dornelles), agosto, setembro e outubro de 2001; Curso de Mediação Comunitária para os Agentes Comunitários de Justiça e Cidadania de Taguatinga (Prof. André Gomma de Azevedo), setembro e outubro de 2002; Curso Modelo Zwelethemba (Prof. John Cartwright), outubro de 2005, Curso de Mediação Técnico Comunitária (Professoras Célia Regina Zapparolli, Reginandrea Gomes Vicente, Lilian Godau dos Anjos Pereira Biasoto e Glaucia Vidal) outubro de 2006; e Curso de Mediação Técnico Comunitária (Professoras Célia Regina Zapparolli, Reginandrea Gomes Vicente, Lilian Godau dos Anjos Pereira Biasoto e Glaucia Vidal) setembro de 2007; supervisão em mediação comunitária (Professor Juan Vezzulla), em outubro de 2008. Em 2010 o Programa Justiça Comunitária do DF ministrou o I Curso de Mediação Comunitária, um trabalho elaborado coletivamente pela equipe multidisciplinar com a colaboração dos Agentes Comunitários.

[269] Todos estes instrumentos encontram-se disponíveis em FOLEY, Gláucia Falsarella. *Justiça comunitária*: uma experiência. 2. ed. Brasília: Ministério da Justiça, 2008.

Sem prejuízo da consolidação desta nova metodologia que favorece a mediação de conflitos com maior impacto social, o Programa manteve o atendimento às mediações familiares, seja pela relevância social desta demanda, seja porque o fato de a mediação ser familiar não descaracteriza, necessariamente, a sua natureza comunitária. É verdade que o processo de mediação para estes casos requer menor participação da comunidade — em razão da matéria envolver questões de foro íntimo — e maior atuação da equipe multidisciplinar, eis que pode demandar encaminhamentos psicológicos ou jurídicos por envolver, por exemplo, interesse de criança. Contudo, por todas as razões já expostas, a emancipação e o empoderamento que se pretende com a aplicação das técnicas de mediação também são importantes quando desenvolvidas na esfera doméstica, no seio familiar.

6.5.3 Animação de redes sociais

O desenvolvimento local, quando integrado e sustentável, possibilita a emergência de comunidades capazes de identificar e mobilizar recursos locais, além de conhecer suas vocações e reais capacidades. O Agente Comunitário, como articulador de uma rede de cidadania, identifica — em comunhão com os representantes dos movimentos sociais já instituídos — as carências comunitárias que possam ser transformadas em oportunidade de mobilização social e promoção de mediações de natureza coletiva. Esse processo contribui para restituir à comunidade a capacidade da autodeterminação diante de seus conflitos.

A diversidade inerente a qualquer espaço comunitário, quando fragmentada, pode se transformar em atrito social. O Agente Comunitário tem um papel ativo na restituição do tecido social, criando e/ou valorizando uma teia de relações que integrem diversas iniciativas e que promovam desenvolvimento local multifacetado.

É interessante observar, porém, que esse processo não é unilateral. Enquanto age, na qualidade de "tecelão" desta trama social, o Agente Comunitário é envolvido em um emaranhado de transformações em sua esfera subjetiva e relacional. É na alteridade, nas relações concretas advindas de sua atuação transformadora, na reflexão coletiva dos problemas comunitários, nas discussões sobre os Direitos Humanos e sobre o respeito às diferenças, nas reflexões sobre subjetividades, dentre outros, que o Agente Comunitário pode experimentar a exata dimensão da construção da democracia, da solidariedade e da paz.

Para tanto, a equipe multidisciplinar do Programa, juntamente com os Agentes Comunitários respectivos a cada região, organizam reuniões frequentes na comunidade com o objetivo de: a) reforçar os vínculos entre os Agentes e a comunidade; b) conhecer a rede de serviços disponível e de movimentos sociais; c) mapear os problemas comunitários; d) captar demandas para a mediação comunitária; e) identificar e estabelecer diálogo com as lideranças locais; f) conhecer os espaços físicos passíveis de realização das sessões de mediação; g) divulgar os objetivos e o funcionamento do Programa; h) avaliar permanentemente o impacto da atuação do Programa.

Ao exercer a animação das redes sociais, o Programa Justiça Comunitária reforça a sua aposta na realização da justiça por meio da ação cidadã, que se desenvolve à medida que esses novos atores sociais, tecelões desta rede de iniciativas solidárias, multiplicam, na diversidade, as atividades voltadas à transformação comunitária.

Há duas espécies de rede que podem ser desenvolvidas nesta atividade: a social e a local.

A rede social é aquela composta de inúmeras entidades — públicas e privadas — prestadoras de serviços, associações de moradores, movimentos sociais, organizações religiosas, dentre outras. E é exatamente para que se tenha conhecimento desses módulos organizacionais, que o Programa confecciona o mapeamento social. Conforme já destacado, não basta, porém, localizar as inúmeras iniciativas comunitárias e colocá-las sobre um mapa visível a todos os membros do Programa. Para que a rede funcione como um elemento integrador da diversidade,[270] o Programa deve colocá-la em movimento, o que significa proporcionar encontros, diálogos, trocas de informações e partilha de experiências entre todos os seus componentes. Somente assim a rede se potencializa, possibilitando que as organizações que a compõem multipliquem suas iniciativas por meio do fluxo de informações e encaminhamentos recíprocos.

A rede social é uma referência fundamental para os Agentes Comunitários, quando necessário o encaminhamento do solicitante a um serviço não atendido pelo Programa ou mesmo quando frustrada a tentativa de mediação.

---

[270] CURTY, Ana Luisa. A ética nos dá o sentido. *In*: ÁVILA, Célia M. (Coord.). *Gestão de projetos sociais*. São Paulo: AAPCS, 2000. p. 52.

Além disso, quando há uma estreita relação entre o Programa de Justiça Comunitária e a rede social, o Centro de Formação e Pesquisa em Justiça Comunitária pode contribuir para a dinamização da rede, oferecendo aos seus integrantes cursos de técnicas em mediação para que cada qual, em sua atuação social, possa adotar recursos que valorizem o diálogo e a autonomia na gestão dos conflitos.

A rede local, por sua vez, é aquela que se forma a partir de um conflito específico. Uma das primeiras providências do Agente Comunitário, quando solicitada a sua atuação, é analisar se aquele problema aparentemente individual oferece potencial coletivo. Ou seja, é preciso investigar em que medida aquele conflito não é resultado de um problema subjacente a outros membros da comunidade. Se afirmativo, é fundamental que todos aqueles afetados pela questão sejam mobilizados para que se busque uma solução definitiva, mas construída por e para todos. Trata-se de uma medida simples com enorme potencial de criação de solidariedade, a partir do conflito.[271]

6.6 A equipe multidisciplinar

A abordagem multidisciplinar é uma alternativa à fragmentação do saber, inerente à epistemologia positivista. Trata-se de uma ferramenta apropriada para a construção de um conhecimento integrado que rompa com as fronteiras e o hermetismo das disciplinas.

O diálogo entre as diversas áreas do conhecimento proporcionado pela multidisciplinaridade, contudo, não resulta de uma mera justaposição de conteúdos, mas de uma atitude que implica reciprocidade, compromisso mútuo e integração entre diferentes perspectivas acerca de um mesmo objeto.[272]

No campo do trabalho social, a multidisciplinaridade ganha especial relevo porque promove a articulação entre as diversas áreas da ciência com a vivência e o saber comunitários; dois polos do conhecimento que raramente se comunicam. Nesse sentido,

---

[271] Um bom exemplo é o caso das mães de crianças especiais, narrado no tópico 6.9.4.4 deste capítulo.

[272] É essa abordagem integrativa que atribuímos à proposta multidisciplinar do Programa Justiça Comunitária embora, para alguns autores, este enfoque não configure a multidisciplinaridade, mas a transversalidade, conceituada como o "trânsito entre os vários saberes que gera um tipo de conhecimento em rede que permite tratar a realidade como múltipla, como uma espécie de síntese interdisciplinar" (MUSZKAT, Malvina Ester. *Guia prático de mediação de conflitos em famílias e organizações*. São Paulo: Summus, 2005. p. 13).

o movimento em direção a esta unidade compartilhada do saber pressupõe a colaboração integrada e permanente de diferentes atores unidos por um propósito social comum. Em razão da adoção deste enfoque, o Programa Justiça Comunitária disponibilizou uma equipe multidisciplinar para o permanente diálogo com os Agentes Comunitários, conforme se verifica a seguir.

A execução do Programa conta com a participação de uma equipe multidisciplinar que dá suporte técnico e administrativo às atividades desempenhadas pelos Agentes Comunitários e é composta de servidores e estagiários do Tribunal de Justiça do Distrito Federal e Territórios, das seguintes áreas do conhecimento: direito, serviço social, psicologia, dramaturgia, ciência política, além da equipe administrativa.

Em reuniões periódicas efetuadas nos Núcleos Comunitários de Justiça e Cidadania, esse corpo técnico examina as demandas trazidas pelos Agentes Comunitários, sob diferentes perspectivas profissionais. Essa análise, somada à experiência e ao conhecimento local dos Agentes Comunitários, propicia que a abordagem do conflito, construída sob a ótica de diversos saberes, indique possibilidades múltiplas para o encaminhamento das demandas levadas ao Programa.

A técnica desenvolvida nestes encontros busca superar a fragmentação das disciplinas e dos pontos de vista, valorizando as convergências. É essa abordagem holística do tema relacionado à demanda que pode propiciar uma relação epistemológica entre as disciplinas.[273]

Essa reunião, que se articula para a análise de casos concretos, possibilita, ainda, constatar a adequação ou não da demanda para a mediação e os encaminhamentos possíveis para a rede social, quando for o caso. Nesse sentido, além de assegurar que o saber local participe deste diálogo, a presença do Agente Comunitário é fundamental para a sua permanente formação em educação para os direitos, mediação comunitária e animação de redes sociais.

Após a expansão do Programa Justiça Comunitária, que ensejou significativa ampliação do quadro de Agentes Comunitários, a equipe multidisciplinar passou a se organizar em tríades composta por profissionais das áreas de psicologia, serviço social e direito. Cada tríade ficou responsável por um número específico de Agentes

---

[273] MUSZKAT. *Guia prático de mediação de conflitos em famílias e organizações*, cit.

Comunitários, o que vem possibilitando o acompanhamento da execução das atividades de cada Agente. Além disso, o contato mais próximo da equipe multidisciplinar com a atuação de cada voluntário viabiliza a formação continuada dos Agentes Comunitários, essencial para o bom desempenho de suas funções.

É importante ressaltar, contudo, que, na dinâmica da mediação, quem conhece o conflito e as possibilidades de solução são os mediandos e não os mediadores. Para Vezzulla, "ser mediador é reconhecer que não se sabe como condição necessária para despertar, nos outros, o seu saber".[274] Nesse sentido, o saber da equipe multidisciplinar — o psicológico, o sociológico e o jurídico — e o do Agente Comunitário — o saber local — não podem conduzir o processo de mediação, sob pena de se retirar das partes a possibilidade de *empoderamento*.

Ora, se o saber do Agente Comunitário e o dos técnicos deve se limitar ao conhecimento das técnicas de mediação, não podendo, pois, "contaminar" o seu conteúdo, por qual razão o PJC-DF enaltece o resgate do saber local representado pelo conhecimento dos Agentes Comunitários?

Há que se considerar que a atuação destes Agentes não se limita à mediação comunitária, tendo em vista que o Programa é sustentado por três pilares de atuação — educação para os direitos, mediação comunitária e animação de redes. É exatamente a articulação entre estes pilares que demanda o saber local, para que não haja uma imposição institucional verticalizada dos serviços à comunidade, sem que se abra canais para que ela própria expresse as suas necessidades e os meios pelos quais prefere resolvê-las. Sendo assim, não faria nenhum sentido atribuir o protagonismo das atividades do Programa a uma equipe técnica.

6.7 Os Núcleos Comunitários de Justiça e Cidadania

O *locus* de atuação dos Agentes Comunitários é a comunidade e seus inúmeros locais públicos — não necessariamente estatais — e privados que podem acolher as atividades desempenhadas pelos Agentes Comunitários, sejam elas as sessões de mediação, sejam as reuniões na comunidade.

---

[274] VEZZULLA, Juan Carlos. Ser Mediador, Reflexões. *In*: SALES, Lilian de Morais (Org.). *Estudos sobre mediação e arbitragem*. Fortaleza: Universidade de Fortaleza; ABC, 2003.

Contudo, é importante que haja um local que possa dar suporte ao Agente Comunitário em algumas situações: a) quando necessária a orientação da equipe multidisciplinar para a análise de um caso complexo que requeira uma reflexão múltipla; b) quando as partes envolvidas no conflito não aceitam submeter-se à sessão de mediação em nenhum dos locais da comunidade propostos pelo mediador; c) quando os próprios mediadores sentem-se inseguros para realizar a mediação, em local distinto daquele onde se encontra a equipe multidisciplinar, tendo em vista o estágio de capacitação em mediação em que se encontram.

Além disso, para que o Programa possa ser avaliado e reciclado permanentemente, é necessário que seja providenciado o registro da natureza e quantidade das demandas, dos respectivos encaminhamentos e finalizações, do perfil dos solicitantes, do grau de satisfação em relação ao atendimento, da atuação e eventuais dificuldades de cada Agente Comunitário.

Essa estrutura organizacional mínima conta com uma equipe administrativa que também se instala em um local físico que reúne todas as informações relevantes para os Agentes Comunitários e para o Programa: é o Núcleo Comunitário de Justiça e Cidadania.

Enfim, um núcleo, como o nome já indica, é um espaço de convergência para que os Agentes Comunitários possam se encontrar, partilhar experiências, confraternizar e vivenciar o pertencimento.

6.8 O Centro de Formação e Pesquisa em Justiça Comunitária

O Centro de Formação e Pesquisa em Justiça Comunitária integra o Programa Justiça Comunitária e tem por objetivo promover a formação da equipe profissional e dos Agentes Comunitários, por meio do intercâmbio multidisciplinar. Para tanto, oferece treinamento em mediação; promove discussões teóricas multidisciplinares; oferece atividades práticas para a capacitação do Agente Comunitário; realiza o acompanhamento e avaliação das atividades do Agente; trabalha a visão crítica dos Agentes em relação à ação e escuta dos problemas comunitários e busca produzir conhecimento multidisciplinar na área de mediação comunitária.

O processo de aprendizagem do Agente Comunitário de Justiça e Cidadania é promovido por meio da capacitação inicial — que inclui conteúdos referentes aos princípios gerais do Programa, suas ferramentas e técnicas de mediação comunitária — e da formação continuada, que implica encontros para a discussão de temas teóricos e práticos. Nesta atividade, a tríade profissional do Núcleo acompanha o trabalho do Agente e potencializa a aprendizagem coletiva resultante da partilha das dificuldades e das soluções encontradas no decorrer da atuação concreta de cada Agente Comunitário. Nesse sentido, o funcionamento do Centro de Formação é permanente, na mesma medida em que as atividades desempenhadas pelos Agentes Comunitários têm natureza contínua.

A seguir, serão apresentados os princípios norteadores e as atividades educacionais desenvolvidos pelo Programa.

6.8.1 Pressupostos epistemológicos

O Centro de Formação e Pesquisa em Justiça Comunitária tem por pressuposto epistemológico a construção do conhecimento a partir da leitura crítica da realidade. O processo de aprendizado não constitui mera transferência mecânica de conhecimento. Cada aluno, antes de tudo, é um cidadão que conhece o mundo, independentemente do grau de escolaridade que ostenta e, nesta qualidade, dispõe de um conteúdo mínimo para a reflexão sobre os temas relativos à cidadania. Nesse sentido, a programação do Centro de Formação não se pauta na transmissão de conceitos específicos sem qualquer pertinência com o saber e com a realidade social de seus alunos.

Se o processo de aprendizado é um ato de conhecer criticamente o contexto social em que se vive, a construção do conteúdo do curso deve levar em consideração o conhecimento do Agente Comunitário inserido neste "universo vocabular".[275] A partir da identificação deste conhecimento, o Centro de Formação busca recriar, reelaborar e conferir novos significados aos temas ligados à cidadania, que integram o objeto do aprendizado.

Esse processo ostenta uma dimensão política, eis que direcionado para o desenvolvimento de uma consciência crítica da realidade, não se limitando a operar somente na esfera cognitiva.

---

[275] FEITOSA, Sonia Couto Souza. Método Paulo Freire. Parte da dissertação de mestrado defendida na FE-USP (1999) intitulada *Método Paulo Freire: princípios e práticas de uma concepção popular de educação*. Disponível em: <www.undime.org.br/htdocs/download.php?form=.doc&id=34>. Acesso em: 14 maio 2009.

Além disso, ao refletir sobre o seu papel na sociedade e na história, o aluno é desafiado a pensar caminhos para a transformação da realidade. A leitura crítica da dinâmica social, denunciando a realidade, permite a projeção utópica de uma outra realidade que impulsiona a ação transformadora. O método desenvolvido por Paulo Freire considera "a educação ao mesmo tempo como ato político, como ato de conhecimento e como ato criador".[276]

A abordagem política do Centro de Formação e Pesquisa em Justiça Comunitária é essencial para a desejada (re)apropriação da gestão dos problemas comunitários pelos próprios membros da comunidade. E essa reflexão se faz a partir da realidade vivenciada e não de fórmulas institucionais previamente elaboradas a partir do saber técnico. É o que afirma Morin:

> A redução do político ao técnico e ao econômico, a redução do econômico ao crescimento, a perda dos referenciais e dos horizontes, tudo isso conduz ao enfraquecimento do civismo, à fuga e ao refúgio na vida privada, a alternância entre apatia e revolta violenta e, assim, a despeito da permanência das instituições democráticas, a vida democrática se enfraquece.[277]

Os princípios, pois, com os quais o Centro de Formação e Pesquisa em Justiça Comunitária opera, revelam o compromisso da descoberta de novas dimensões e possibilidades da realidade, com vistas à sua transformação.

Além da dimensão política, o processo de educação desenvolve uma dimensão humanista quando se constitui meio de comunicação e compreensão entre seres humanos. Para tanto, o Centro de Formação busca reforçar a dimensão das relações humanas, abrindo canais de permanente interlocução com a comunidade. Assim, sao desenvolvidas "atividades abertas", nas quais os temas desenvolvidos nas aulas do Centro de Formação são levados à discussão na comunidade, para melhor compreensao dos individuos que compõem aquele grupo social, respeitadas as suas identidades e diversidades.

---

[276] GADOTTI, Moacir. *Paulo Freire*: a prática à altura do sonho. Disponível em: <http://www.antroposmoderno.com/textos/freire.shtml>. Acesso em: 14 maio 2009.
[277] MORIN, Edgar. *Os sete saberes necessários à educação do futuro*. 8. ed. Tradução de Catarina Eleonora F. da Silva e Jeanne Sawaya. Revisão técnica de Edgard de Assis Carvalho São Paulo: Cortez; Brasília: UNESCO, 2000. p. 112.

Não basta que a comunidade e seus membros sejam objeto de discussão em sala de aula. A alteridade pressupõe um conhecimento entre pessoas que se comunicam, que se interagem. Conforme afirma Morin:

> A compreensão humana vai além da explicação. A explicação é bastante para a compreensão intelectual e objetiva das coisas anônimas ou materiais. É insuficiente para a compreensão humana. Esta comporta um conhecimento de sujeito a sujeito.[278]

Ao pressupor que o processo de aprendizado deva ser múltiplo, eis que resulta do encontro de diferentes interpretações da realidade, o Centro de Formação e Pesquisa em Justiça Comunitária pretende contribuir para a construção de uma "ecologia de saberes", conforme expressão talhada por Sousa Santos.[279] Segundo o autor,

> (...) a lógica da monocultura do saber e do rigor científicos tem que ser questionada pela identificação de outros saberes e de outros critérios de rigor que operam credivelmente em contextos e práticas sociais declarados não-existentes pela razão metonímica. Essa credibilidade contextual deve ser considerada suficiente para que o saber em causa tenha legitimidade para participar de debates epistemológicos com outros saberes, nomeadamente com o saber científico. A idéia central da sociologia das ausências neste domínio é que não há ignorância em geral nem saber em geral. *Toda ignorância é ignorante de um certo saber e todo saber é a superação de uma ignorância particular. Deste princípio de incompletude de todos os saberes decorre a possibilidade de diálogo e de disputa epistemológica entre os diferentes saberes.* O que cada saber contribui para esse diálogo é o modo como orienta uma dada prática na superação de uma certa ignorância. *O confronto e o diálogo entre os saberes é um confronto e diálogo entre diferentes processos através dos quais práticas diferentemente ignorantes se transformam em práticas diferentemente sábias.* (grifo nosso)

---

[278] MORIN, idem, p. 94-95.
[279] SOUSA SANTOS, Boaventura de. Para uma sociologia das ausências e uma sociologia das emergências. In: SOUSA SANTOS, Boaventura de (Org.). *Conhecimento prudente para uma vida decente: 'um discurso sobre as ciências' revisitado.* São Paulo: Cortez, 2004. p. 790.

6.8.2 Os encontros mensais

O conteúdo trabalhado no Centro de Formação e Pesquisa em Justiça Comunitária é definido a partir da problematização de temas extraídos da realidade social, com enfoque nos Direitos Humanos. A programação curricular prevê aulas de noções básicas de direito, debates sobre cidadania e Direitos Humanos, cursos e oficinas em técnicas de mediação e animação de redes sociais.

A formação dos Agentes Comunitários é voltada não somente para assegurar o bom desempenho de suas atividades, como também para estimular a reflexão crítica sobre suas escolhas pessoais e sobre a conjuntura social. Nesse sentido, o sistema de aprendizagem adotado é amplo, promovendo uma integração de aspectos cognitivos, emocionais e sociais, envolvendo as dimensões pessoais, profissionais e institucionais presentes no contexto vivencial do Agente. O Centro de Formação opera, pois, com dinâmicas participativas que contribuem para a formação do sujeito social como protagonista na construção de um saber não fragmentado, possibilitando novas leituras e novas relações com o mundo e consigo.

A partir do enfoque holístico exposto acima, a capacitação dos Agentes Comunitários, que não dispensa o objetivo de assegurar o bom desempenho de suas atividades — a educação para os direitos, a mediação comunitária e a animação de redes sociais — conta com o seguinte:

a) promoção de debates sobre os temas ligados à cidadania, com representantes da militância da área social e/ou jurídica correspondente;

b) elaboração e produção de material didático, utilizando ferramentas lúdicas e artísticas, para traduzir a linguagem jurídica com vistas à democratização do acesso à informação relativa aos direitos dos cidadãos;

c) apresentações e debates públicos dos temas veiculados pelos materiais didáticos de maneira a estimular a mobilização social pela efetivação dos direitos dos cidadãos;

d) promoção de atividades acadêmicas multidisciplinares, voltadas ao intercâmbio de pesquisas e produção de conhecimento;

e) publicação de um boletim periódico para a veiculação de informes sobre as atividades do Programa e de artigos acadêmicos multidisciplinares sobre os temas relacionados à justiça comunitária.

6.8.3 A programação curricular

O currículo é um percurso de aprendizagens a serem construídas no processo de formação e envolve a seleção de conteúdos significativos para a formação do aluno, cujas abordagens são dispostas em mecanismos acadêmicos variados: aulas, seminários, oficinas, ateliês, debates, atividades de dramaturgia, dentre outros.

A primeira atividade do Centro de Formação, posterior ao processo de seleção, é uma capacitação inicial para abordar os princípios, valores, instrumentos e técnicas que deverão nortear a execução das atividades dos Agentes Comunitários.

O módulo da capacitação inicial tem a carga horária de 16 horas e é ministrado pela equipe multidisciplinar, com metodologia diversificada: apresentação teatral; dinâmicas de grupo; discussões de textos e filmes; dramatizações de casos em pequenos grupos. O conteúdo deste módulo está organizado em quatro unidades, conforme descrito a seguir:

Unidade I – Apresentação da estrutura funcional do Programa Justiça Comunitária e acolhimento dos novos Agentes Comunitários de Justiça e Cidadania:
- apresentação dos integrantes do Programa e de seus respectivos núcleos de atuação;
- vínculo e interação interpessoal: criação de um clima grupal entre antigos e novos integrantes do Programa;
- discussão do conceito de justiça e da prática do Programa Justiça Comunitária como ação complementar ao sistema judiciário.

Unidade II – Realidade social, Comunidade e Programa Justiça Comunitária:
- análise social: visão crítica do contexto social;
- comunidade: conceito; sentimento de pertencimento e participação comunitária;
- mapeamento e animação de redes sociais.

Unidade III – Trabalho voluntário:
- sentido do trabalho voluntário: motivação, compromisso e questões éticas;
- visão geral da Lei do Voluntariado.

Unidade IV – Procedimentos do Programa Justiça Comunitária:
- fluxograma de atendimento do Programa;
- instrumentais utilizados no Programa: o formulário de atendimento para a pré-mediação e para a mediação, o registro de encaminhamento e o Guia de Encaminhamento;

- termo de Adesão e ressarcimento das despesas havidas no exercício das atividades voluntárias.

Considerando que o Centro de Formação busca contextualizar o processo de aprendizado na realidade social de seus alunos, não se pode traçar previamente um programa curricular rígido, à revelia das necessidades e expectativas dos Agentes Comunitários. Nesse sentido, a programação do conteúdo e o respectivo calendário semestral são estabelecidos de acordo com as metas específicas do Programa, em sintonia com os parceiros institucionais e com os próprios Agentes Comunitários.

O conteúdo curricular básico inclui cursos e oficinas para a capacitação nas técnicas de mediação comunitária e de animação de redes sociais, bem como aulas de noções básicas de direito e debates de temas jurídicos, com enfoque nos Direitos Humanos, conforme se verifica a seguir.

6.8.3.1 Cidadania, Direito e Direitos Humanos

Cada matéria é abordada na medida das necessidades e das possibilidades de produção do material didático e artístico a ser divulgado e apresentado na comunidade.[280]

Os temas relacionados à cidadania e aos Direitos Humanos foram inseridos na programação, obedecendo à seguinte dinâmica:[281]

1. investigação temática: consulta ao grupo sobre temas que revelem o vocabulário e o universo dos alunos. O contato com os assuntos propostos se dá a partir da mobilização dos alunos sobre os recortes de jornais veiculando matérias sobre cidadania (discriminação racial; violência doméstica; juizados especiais; menoridade penal; violência contra o idoso, dentre outros) oferecidos em sala de aula;
2. escolha — preferencialmente por eleição — dos temas principais e secundários;[282]

---

[280] Conforme cordel sobre justiça comunitária e cartilha da fotonovela "O Direito de Saber", ambos disponíveis no sítio: <http://www.tjdft.gov.br/tribunal/institucional/proj_justica_comunitaria/comunitaria.htm>.

[281] FEITOSA, Sonia Couto Souza. Método Paulo Freire. Parte da dissertação de mestrado defendida na FE-USP (1999) intitulada *Método Paulo Freire: princípios e práticas de uma concepção popular de educação*. Disponível em: <www.undime.org.br/htdocs/download.php?form=.doc&id=34>. Acesso em: 14 maio 2009.

[282] Secundários são temas cuja discussão prévia é pressuposto para a melhor abordagem dos temas principais. Ex.: se o tema principal é a menoridade penal, é interessante que se conheça o conteúdo do Estatuto da Criança e do Adolescente.

3. escolha dos educadores que serão convidados para problematizar a temática escolhida;
4. desenvolvimento da aula propriamente dita, a partir da perspectiva do professor e sua *praxis*, dos alunos e da equipe multidisciplinar;
5. desfecho da aula que considere possibilidades de ação concreta visando à transformação social. Por exemplo, a confecção futura de um material didático para provocar a reflexão sobre o tema na comunidade.

6.8.3.2 Os cursos e as oficinas de mediação

Atualmente, diante da diversidade de abordagens e técnicas de mediação, é necessário que a seleção do profissional ou escola que irá capacitar os mediadores de um programa de justiça comunitária seja cuidadosa, a fim de que o treinamento seja adequado à realidade da comunidade onde o programa atua e respeite o perfil dos agentes comunitários. Nesse sentido é preciso verificar se os educadores utilizam metodologia e materiais didáticos apropriados para este público específico, respeitando a ecologia local e utilizando uma linguagem acessível.

Além do cuidado na seleção da escola de capacitação em técnicas em mediação, é fundamental que se defina o tipo de conflito que o programa pretende, preferencialmente, atender. É bem verdade que a comunidade tem a sua própria demanda e, se o que se pretende, em última instância, é estimular a autonomia da comunidade, não haveria muito sentido em se escolher *a priori* as demandas que serão atendidas. Contudo, a realidade comunitária é tão múltipla e as necessidades são tão extensas que uma definição prévia da natureza da demanda a ser preferencialmente atendida pode trazer benefícios ao programa e à capacitação dos agentes comunitários. Assim, se a escolha priorizar o atendimento aos conflitos familiares, por exemplo, será fundamental que a capacitação em mediação seja realizada por profissionais especialistas nessa área.

Sem prejuízo da colaboração destes especialistas que se dividem em diferentes abordagens teóricas, um programa de justiça comunitária deve ter feição própria, o que significa afirmar que é indispensável que haja uma participação ativa dos mediadores na construção da própria metodologia, sob pena de esta atividade transformar-se em algo litúrgico que obedece a padrões técnicos, porém inadequados àquela realidade social.

Nesse sentido, o Centro de Formação e Pesquisa em Justiça Comunitária do Programa Justiça Comunitária promove oficinas para o desenvolvimento da técnica de mediação, as quais são distribuídas no calendário semestral, com uma previsão de carga horária que leve em consideração a necessidade da participação ativa dos Agentes Comunitários na construção de uma abordagem própria e adaptada à realidade em que o Programa Justiça Comunitária opera.

O formulário do passo a passo da sessão de mediação — caso seja considerado necessário para a capacitação do mediador — deve estar sempre aberto às mudanças que a experiência concreta venha a demandar. Para tanto, no Distrito Federal, conflitos simulados são levados à sala de aula para que os Agentes Comunitários vivenciem diferentes papéis — participantes diretos e indiretos do conflito, mediador e comediador — inclusive o de mediadores-observadores. Todas as oficinas são gravadas em vídeo com vistas a registrar o processo de aperfeiçoamento da atuação dos alunos.

Esta reflexão coletiva — e multidisciplinar — das nuanças particulares da atuação de cada Agente é essencial para a integração do grupo em seu processo permanente de aprendizagem crítica.

É oportuno ressaltar que a capacitação em mediação não pode se restringir ao treinamento técnico das etapas do processo de mediação. O curso de capacitação, assim como as oficinas, devem prever em seu conteúdo oportunidades para refletir sobre: a) noções sobre outros meios autocompositivos de solução de conflitos (conciliação, negociação); b) o papel transformador do conflito; c) estratégias de comunicação, incluindo as técnicas de identificação entre posição e interesse;[283] d) princípios éticos que devem nortear a atuação do mediador; e) a questão da neutralidade e imparcialidade; f) os modelos e tipos de mediação.[284]

---

[283] Conforme ilustra Zapparolli: "Como exemplos de discrepância entre posições e interesses, temos duas situações muito corriqueiras: 1. nos casos de separação, os interesses ocultos traduzem-se, muitas vezes, no descompasso das partes na decisão de se separarem, algo de natureza emocional que acaba por exteriorizar-se em posições jurídicas rígidas e exigências radicais quanto a partilha, alimentos, guarda, visitas e, na manipulação da prole, uma violência que acaba por gerar danos morais/psicológicos imensuráveis e sua perpetuação, modelo que se repete pelas gerações; 2. já, em grande número de casos de natureza criminal, a vontade das partes, a versão dos fatos e as possibilidades acabam sendo moldadas exclusivamente às opções jurídicas e não estas àquelas, perdendo o acusado ou condenado a oportunidade de, como protagonista, no momento de maior impacto, rever seus próprios atos e reformular suas condutas" (ZAPPAROLLI, Célia Regina. A experiência pacificadora da mediação: uma alternativa contemporânea para a implementação da cidadania e da justiça. In: MUSZKAT, Malvina Ester (Org.). *Mediação de conflitos: pacificando e prevenindo a violência*. São Paulo: Summus, 2003).

[284] Conforme apostila confeccionada pelas Professoras Célia Regina Zapparolli, Glaucia Vidal, Reginandréa Gomes Vicente e Lílian Godau dos Anjos Pereira Biasoto, especialmente para o Curso de

6.8.3.3 A capacitação para a animação de redes sociais

As atividades pedagógicas desenvolvidas pelo Centro de Formação incluem, ainda, a intensificação da interação dos Agentes Comunitários com a sua comunidade, por meio da elaboração e divulgação de materiais didáticos e da promoção de eventos artísticos que provoquem o debate sobre direitos individuais e coletivos.

Para essas atividades, os Agentes Comunitários desempenham um papel atuante, em parceria com a equipe multidisciplinar, articulando os eventos, elaborando o material didático e apresentando publicamente o seu conteúdo por meio de criações artísticas.

Esta mobilização em torno de temas ligados à cidadania é um dos mecanismos possíveis para a animação de redes sociais, na medida em que aproxima membros da comunidade que partilham o mesmo interesse e os coloca em contato em um encontro crítico, repleto de possibilidades de construção de identidades e laços solidários.[285]

6.8.4 O corpo docente

O papel do educador é ampliar a visão de mundo mediada pelo diálogo. Nesse sentido, o corpo docente deve ser definido a partir da escolha democrática dos temas a serem debatidos em sala de aula, buscando-se pertinência entre o tema objeto da aula e a atuação prática de cada educador.

Longe de representar um transferidor de conhecimentos, o educador deve se colocar como um coordenador do debate, problematizando as discussões e, por meio do diálogo, auxiliar que os alunos reinterpretem e recriem o saber local que é permanentemente gerado na prática social.

Mediação Técnico-Comunitária, realizado em Brasília, entre os dias 06 e 15 de outubro de 2006.

[285] Para incrementar esta atividade, o PJC-DF desenvolveu o Projeto Bordando a Cidadania que tem por objetivo identificar os encontros de artesanato que acontecem diariamente na comunidade para que os Agentes Comunitários, que também são artesãos, possam levar a estas reuniões um "cardápio" de temas afetos à cidadania para escolha dos artesãos. A proposta é que os temas escolhidos sejam discutidos conforme o artesanato vai sendo executado. O Projeto Bordando a Cidadania articula o Programa Justiça Comunitária com os espaços organizados de artesãos de Ceilândia, Taguatinga e Samambaia — suas associações, núcleos e entidades congêneres —, estimulando a discussão de temas que contribuam para a democratização do acesso à justiça e para o exercício da cidadania. Além de divulgar o PJC, o Projeto se destina a captar demandas para a resolução pacífica dos conflitos; realizar Rodas de Terapia Comunitária para promoção de redes solidárias de apoio comunitário; e construir parcerias com entidades que promovam o artesanato.

É atribuição do educador criar condições para a compreensão mútua e a comunicação produtiva, o que significa possibilitar o surgimento de questionamentos, debates, extrapolações e ilações nas interações desenvolvidas durante as aulas. Para tanto, é necessário garantir um ambiente no qual os desacertos e as divergências sejam acolhidos no processo como parte da construção do conhecimento. "Pode-se dizer que, de fato, a interação social do grupo é não só formativa como também construtiva de um novo saber e de uma nova forma de relacionamento interpessoal".[286]

No Programa Justiça Comunitária do Distrito Federal, o corpo docente é composto por profissionais atuantes na área correspondente ao tema a ser desenvolvido. Além destes convidados, atuam como educadores os membros da equipe multidisciplinar que conhecem as necessidades cognitivas dos Agentes Comunitários: desde as suas dificuldades em relação às idiossincrasias do universo jurídico, por exemplo, até a construção de uma metodologia própria de mediação comunitária.

6.8.5 A avaliação do processo de aprendizagem

Considerando que o processo de aprendizado decorrente da formação adotada pelo Centro de Formação é pautado na complementaridade da assimilação de conteúdos afirmativos e da prática desenvolvida nos Núcleos Comunitários, é indispensável a fixação de critérios de avaliação permanente do desempenho dos Agentes Comunitários, dentro e fora da sala de aula.

Cada Agente Comunitário é acompanhado por meio do registro de seu processo contínuo de aprendizagem, identificando-se as suas habilidades e dificuldades.

Quando constatada alguma dificuldade — seja relacional com o grupo, com a equipe ou com as atividades inerentes ao desempenho da função — vivenciada por algum Agente Comunitário, este é convidado a participar de uma reunião com o suporte psicossocial, para que eventuais dificuldades possam servir de oportunidade para a reflexão e crescimento. De qualquer sorte, independente de qualquer dificuldade específica, é papel das tríades profissionais

---

[286] DAVIS; SILVA; ESPÓSITO. Papel e valor das interações sociais em sala de aula. *Cadernos de Pesquisa*, p. 54.

observar constantemente a atuação de cada Agente Comunitário e fazer intervenções voltadas ao seu crescimento e autonomia.

A equipe multidisciplinar desenvolveu um instrumental específico para acompanhamento e avaliação do desempenho dos Agentes Comunitários, a partir do estabelecimento de indicadores que permitam analisar o processo de aprendizagem. Os indicadores fixados tornam possíveis as avaliações comparativas e qualitativas, sendo voltados para a aferição das seguintes características: capacidade de reflexão nas aulas, inserção na comunidade, compromisso com as atividades inerentes ao Programa, desempenho nas mediações e nas reuniões na comunidade, dentre outras.

6.8.6 Os recursos pedagógicos

Os recursos pedagógicos utilizados no Centro de Formação e Pesquisa em Justiça Comunitária são produzidos com o propósito de democratizar o acesso à informação dos direitos do cidadão, por meio da decodificação da linguagem jurídica em narrativas acessíveis e atraentes à comunidade.

Além de buscar facilitar a compreensão do conteúdo, a apresentação deste material também procura preservar a memória e as raízes culturais brasileiras, promovendo um diálogo entre tradição e manifestações artísticas populares contemporâneas. Este encontro de diferentes "gerações culturais" é parte do exercício da cidadania, na medida em que promove a reflexão sobre a conjuntura de diferentes grupos sociais, o respeito à diferença e a abertura para novas referências estéticas.

Os materiais passíveis de serem utilizados e/ou elaborados pelo Centro de Formação e Pesquisa em Justiça Comunitária são os seguintes:
- recortes de jornal. Assinatura de periódicos e/ou convênio com bibliotecas para que os alunos tenham acesso às matérias relativas à cidadania e à justiça;
- elaboração multidisciplinar de cartilhas na forma de fotonovelas, literatura de cordel, xilogravura, dentre outros;
- apresentação de peça teatral utilizando-se das mais variadas matizes musicais, tais como repente, *hip hop*, capoeira, etc.;
- Guia de Encaminhamentos para partilhar alguns dados do mapeamento social;

- material promocional para esclarecimento dos objetivos do Programa e do procedimento seletivo de novos Agentes Comunitários;
- produção de vídeos com o registro de demandas ilustrativas;
- produção de filmes de ficção para a divulgação do Programa Justiça Comunitária, tendo por fio condutor temas relativos aos conflitos mais frequentes na comunidade;
- exposição de fotografias com a memória do Programa Justiça Comunitária para debate;
- exibição de filmes em sala de aula e na comunidade com temática pertinente ao conteúdo curricular do Programa para posterior debate;
- pesquisas dirigidas na internet de acordo com os temas mais demandados na prática dos Agentes, em suas comunidades;
- produção de relatos e artigos que registrem a experiência dos Agentes Comunitários, da equipe multidisciplinar e dos parceiros institucionais;
- instalação de uma biblioteca popular que contenha obras da literatura brasileira e de temas relativos à justiça e cidadania, dentre outros.

6.9 As demandas do Programa Justiça Comunitária

6.9.1 As estatísticas

ESTATÍSTICA DO PROGRAMA JUSTIÇA COMUNITÁRIA EM 2009

		Número de Atividades[1]			Nº de pessoas atendidas	
					Diretamente	Indiretamente
Nº de casos	Encaminhamentos	125			125	250
	Processo de mediação	192[2]	Pré-mediação 1	192	323[3]	646
			Pré-mediação 2	131		
			Sessão de mediação	78		
Nº Total de Casos		317				
Atividades na comunidade (animação de redes)		59	Reuniões na comunidade	52	3.581	7.162
			Teatro	7	600	1.200
Casos coletivos[4]					49	98
Total					4.678	9.356

[1] Os três pilares de sustentação do PJC: a) educação para os direitos; b) mediação comunitária; e c) a animação de redes sociais não está expressa na forma estatística, uma vez que há transversalidade dos mesmos em todas as atividades desenvolvidas pelos Agentes Comunitários.

[2] O processo de mediação engloba três fases: a) a pré-mediação 1, que implica o atendimento do participante solicitante que primeiramente demandou os serviços do PJC; b) a pré-mediação 2, que se destina ao atendimento do participante solicitado; e c) a sessão de mediação propriamente dita, na qual os participantes se encontram em uma ou mais oportunidades. Como se trata de uma atividade complexa — envolvendo inúmeros contatos, diálogos e reflexões sobre o caso — considera-se iniciado — e, consequentemente contabilizado — o processo, desde a sua primeira fase. Nesse sentido, o número de processos de mediação equivale ao número de pré-mediação 1, eis que a ocorrência ou não das próximas etapas depende exclusivamente da vontade dos participantes.

[3] O número de pessoas diretamente atingidas no processo de mediação equivale à soma do número de solicitantes que se submeteram à pré-mediação 1, mais o número de solicitados que participaram da pré-mediação 2. Sendo assim, para efeito de cálculo do número de pessoas atingidas, as sessões de mediação não são consideradas para que não haja o cômputo em dobro de seus participantes.

[4] Tendo em vista a multiplicidade de participantes, os casos coletivos — que já foram contabilizados no registro de casos em geral — demandam uma contabilidade em separado em relação ao número de pessoas direta e indiretamente atingidas.

PERFIL DA DEMANDA DOS ATENDIMENTOS POR ÁREA JURÍDICA

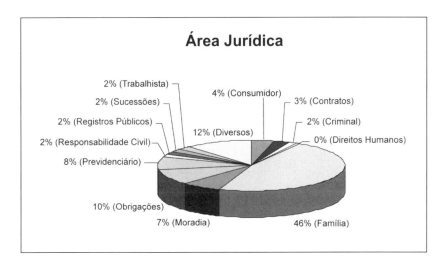

DADOS SÓCIO-ECONÔMICOS DOS SOLICITANTES

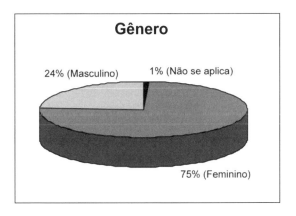

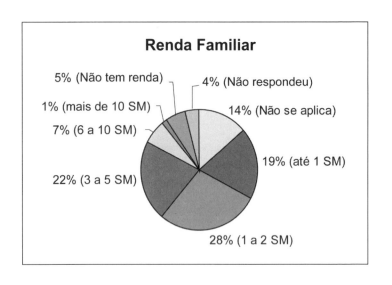

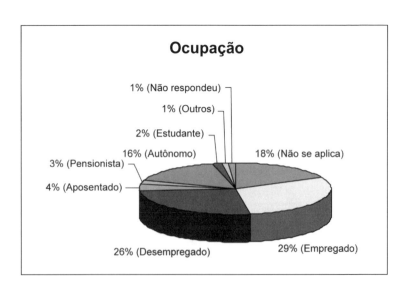

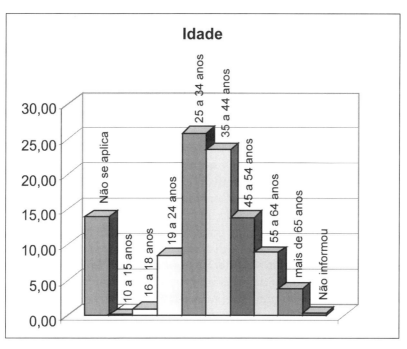

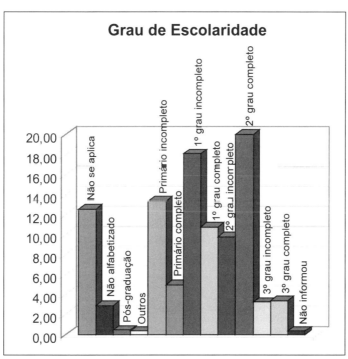

6.9.2 O perfil das demandas

A análise da estatística demonstra que a demanda mais significativa — seja na atividade de encaminhamento sociojurídico ou na de mediação — é a que envolve o direito de família. Embora ainda não tenha sido realizada uma avaliação externa para a análise destes dados, há uma percepção da equipe multidisciplinar do Programa de que o alto índice de casos familiares se explica por dois fatores. De um lado, a demanda familiar é efetivamente majoritária na comunidade. De outro, o Programa desenvolveu uma metodologia de mediação efetivamente comunitária, somente após quase seis anos de execução. Considerando que esta nova técnica se aplica, com pertinência, a toda e qualquer demanda comunitária, não se limitando às que veiculam conflitos estritamente interpessoais e familiares, acredita-se que, no decorrer dos próximos anos, o número de mediações familiares tenderá a diminuir — embora permaneça majoritária, em razão da realidade social — por força do aumento do número de demandas com maior impacto social e comunitário, como, por exemplo, conflitos de vizinhança ou os que envolvam direitos coletivos.

6.9.3 Os conflitos criminais

Embora a mediação comunitária seja um instrumento eficiente e adequado para a resolução de conflitos em contextos de violência, o fato de o Ministério Público deter o monopólio da ação penal,[287] requer que os programas de justiça comunitária — coordenados ou não por entes estatais — estabeleçam parcerias institucionais que possibilitem que a demanda criminal passível de transação penal[288] seja encaminhada para a mediação, com a anuência do Ministério Público e do Juiz. Trata-se de uma imposição da legislação brasileira.

Uma vez consolidada a metodologia de mediação comunitária desenvolvida no Programa Justiça Comunitária, e havendo interesse dos representantes do Ministério Público e do Tribunal de Justiça

---

[287] Conforme o art. 129, I da Constituição Federal: "São funções institucionais do Ministério Público: I – promover, privativamente, a ação penal pública na forma da lei".
[288] O instituto da transação penal está previsto no art. 76 da Lei nº 9.099/95 cujo *caput* prevê o seguinte: "Havendo representação ou tratando-se de crime de ação penal pública incondicionada, não sendo caso de arquivamento, o MP poderá propor a aplicação imediata de pena restritiva de direitos ou multa, a ser especificada na proposta" (...)

do Distrito Federal, nada impede, a princípio, que haja a remessa de algumas demandas criminais passíveis de transação penal para a mediação comunitária e/ou para o encaminhamento à rede social mapeada pelo Programa.

A seguir, será relatada uma experiência de encaminhamento de um caso de natureza criminal ao Programa Justiça Comunitária, a qual será referência para se refletir quanto à continuidade ou não da adoção deste procedimento.

6.9.3.1 Um caso a ser avaliado: o "muro da discórdia"

O caso descrito a seguir, cujo conflito é objeto de processo judicial criminal, envolve quatro famílias residentes em um mesmo condomínio horizontal e está sendo atendido por membros da equipe técnica do Programa Justiça Comunitária, com formação em mediação, por determinação de um Juizado Especial Criminal do DF.

A mediação surgiu como alternativa à abordagem criminal do conflito, devido ao vínculo de vizinhança entre as partes e, ainda, porque havia um histórico de convivência harmônica entre os envolvidos, antes dos episódios de violência — envolvendo agressões mútuas de toda a sorte — que desencadearam o registro de inúmeras ocorrências policiais. Um destes registros ensejou o processo do Juizado Especial Criminal.

As partes tomaram conhecimento do Programa Justiça Comunitária em uma das audiências judiciais realizadas e aceitaram voluntariamente a proposta de mediação.[289]

Nas pré-mediações realizadas, constatou-se que uma das famílias envolvidas no conflito se recusa a integrar o condomínio, abstendo-se de todas as responsabilidades inerentes à condição de condômino, tais como pagamento da taxa de condomínio e participação nas reuniões. Para demarcar fisicamente a sua posição, esta família construiu um muro para isolar sua casa do restante do condomínio.

Este casal entende que a decisão de não participar do condomínio é uma questão pessoal que em nada prejudica o coletivo. Segundo seu relato, esse muro, denominado pelo próprio de "muro da discórdia" foi construído em área que avança aproximadamente 15 centímetros do seu próprio terreno, o que em nada prejudica a

---

[289] O aspecto processual da demanda e suas implicações na mediação serão analisados adiante.

área do condomínio. Relata ainda que quando foi preciso rebocar o muro, o condomínio o proibiu de fazê-lo, em retaliação pelo fato de o casal não participar do condomínio.

O condomínio, por sua vez, decidiu construir uma guarita na entrada, cuja coluna de sustentação foi erguida junto ao muro divisório. Por entender que aquela coluna invadia o seu terreno, o casal que não integra o condomínio decidiu derrubar o muro. Após este episódio, houve uma série de construções e reconstruções, acompanhadas de episódios de agressão física e verbal entre as partes, denúncias na delegacia e processos na Justiça.

A representante do casal aceitou a proposta de mediação porque deseja viver em paz, mas ressaltou que independentemente do resultado, não pretende desistir dos processos cíveis que tramitam na justiça.

O relacionamento difícil entre o casal e o ex-síndico do condomínio é identificado por todos como um dos focos principais da tensão. Na pré-mediação, este último relatou que durante a construção de sua casa, estabelecera um bom relacionamento com o casal, tanto que houve uma troca entre os seus lotes. Segundo o ex-síndico, o rompimento deu-se quando o casal se recusou a assumir as suas responsabilidades com o condomínio. A sua posição é rígida no sentido de que o casal que se apartou é obrigado a se submeter às normas do condomínio, inclusive pagando os débitos em aberto.

Na pré-mediação realizada com a família do ex-síndico, este falou do significado que foi a aquisição de seu imóvel no condomínio onde residem, ressaltando, principalmente, o desejo de viver com segurança e em paz. Para isso, entende que todas as famílias devem permanecer vinculadas ao condomínio. Ele teme que o isolamento de uma das famílias implique a não subordinação às normas do condomínio o que ameaça a sua unidade, abrindo a possibilidade de abrigo de alguma atividade ou empreendimento que ameace essa paz — a instalação de um bar ou igreja, por exemplo — ou mesmo a construção de um prédio cujas janelas deem para a área comum do condômino, subtraindo a privacidade dos moradores, fatos que estão previstos e regulamentados na convenção do condomínio.

A outra família, a do atual síndico, entende que o seu envolvimento no conflito é inerente à função de síndico, em especial o seu dever de dar respostas aos condôminos quanto aos danos patrimoniais.

Por fim, a família que mantinha o melhor relacionamento com o casal que se isolou foi uma das protagonistas do episódio de agressão física mútua que desencadeou um dos processos na justiça. Na avaliação dessa família, o envolvimento dos seus membros no conflito ocorreu porque pretendiam proteger o patrimônio coletivo, no caso, o muro do condomínio. Essa família assevera que sempre se mostrou disponível ao diálogo, alegando que a situação conflituosa contraria os seus princípios religiosos, daí porque um de seus membros já havia tomado a iniciativa de "pedir perdão" ao casal pelo episódio da agressão.

Um dos membros desta última família religiosa — que é reconhecido por todos os envolvidos como uma pessoa pacificadora e colaboradora — avaliou que o conflito foi potencializado pela tensão e posicionamento rígido entre o casal e o ex-síndico.

Considerando que todos concordaram com a proposta de mediação, a estratégia dos mediadores para o atendimento do caso foi realizar uma primeira sessão de mediação somente entre as famílias diretamente envolvidas no episódio da agressão física, objeto do processo judicial. Essa divisão teve por objetivo equilibrar o poder na mediação e aproveitar a predisposição que essas duas famílias demonstraram em dialogar.

Nesta sessão, os membros da família religiosa pediram perdão ao casal pela violência em que se envolveram. No início, a família religiosa estava resistente para tratar de assuntos referentes ao condomínio, ressaltando que compareceram à mediação para tratar dos conflitos envolvendo as duas famílias. Contudo, os demais temas envolvendo o condomínio reapareciam a cada instante, principalmente na narrativa do casal que reconhecia o papel importante do membro da família religiosa nas reuniões de condomínio. Ambas as famílias assumiram que, antes dos conflitos, havia um relacionamento cordial. A família religiosa, por exemplo, narrou que o filho do casal costumava frequentar sua casa e que ficaram muito tristes pelo fato de a criança ter sido proibida de frequentar o condomínio. O casal negou essa proibição.

Durante toda a sessão de mediação, o casal solicitou a intervenção do membro da família religiosa para mediar os conflitos envolvendo o casal e o condomínio. Durante essa primeira sessão de mediação, os participantes reconheceram que a abordagem dos conflitos poderia ser fragmentada da seguinte forma: aqueles que podem ser resolvidos na esfera judicial — questões legais referentes ao condomínio e responsabilização das pessoas quanto aos fatos citados nos processos — e aqueles cuja solução só depende dos condôminos, qual seja: a construção da paz.

Partindo desse entendimento, as pessoas presentes na mediação encaminharam o seguinte: 1. realizar uma nova sessão de mediação entre o casal, a família do ex-síndico e a família do síndico, visto que as mesmas estão intensamente envolvidas com as questões concernentes ao condomínio; 2. o membro pacificador da família religiosa sugeriu ao casal que comparecesse à mediação com mais disponibilidade para "ceder" nas questões que pleiteia junto ao condomínio; 3. as pessoas presentes entenderam que o ex-síndico e o atual síndico deveriam comparecer acompanhados de suas respectivas esposas, eis que as mesmas influenciam diretamente nas decisões do condomínio; 4. o casal solicitou que o membro pacificador da família religiosa participasse de todas as sessões de mediação, muito embora não estivesse diretamente envolvida no conflito.

A observação cuidadosa deste caso, cujo processo de mediação ainda se encontra em andamento, possibilita o levantamento de algumas questões afetas ao tema da mediação comunitária nos casos criminais. Vejamos.

O Termo Circunstanciado que gerou o processo judicial relatava que os membros da família religiosa e o casal eram reciprocamente autores do fato e vítimas das lesões corporais registradas. Como não houve acordo na primeira audiência realizada na presença do juiz e do membro do Ministério Público, este último ofereceu uma proposta de transação penal para todos, o que foi aceito somente pela família religiosa. Após o cumprimento da transação penal — que implicou a prestação de serviços à comunidade —, uma nova proposta foi oferecida ao casal que não a aceitou, alegando o desejo de provar a sua inocência em Juízo. Foi nesta segunda audiência que a juíza sugeriu o encaminhamento voluntário de todos para a mediação comunitária, inclusive do síndico e do ex-síndico que ali se encontravam para testemunhar em favor da família religiosa, caso fosse dado início à instrução criminal naquele dia.

Na audiência de instrução e julgamento, ocorrida após as sessões de mediação narradas acima, a família religiosa — que permaneceu como vítima das agressões — eis que já haviam transacionado em relação à eventual autoria da lesão corporal — resolveu renunciar à representação criminal e o processo foi arquivado.

Nesta oportunidade, as vítimas — membros da família religiosa — demonstraram interesse em manter a comunicação aberta com a mediação, mas não consideravam justo renunciar ao processo, porque já haviam "pago" o que deviam — ou seja, haviam cumprido a transação penal — e entendiam que o casal também deveria fazê-lo. Após algumas considerações da juíza de que o acirramento inerente à audiência de instrução e julgamento poderia inviabilizar a continuidade do processo de mediação, a família optou pela renúncia e o processo foi então arquivado.

Este episódio ilustra algumas peculiaridades que precisam ser avaliadas quando o sistema de justiça submete casos já judicializados — em especial na esfera criminal — à mediação comunitária de conflitos.

Primeiramente, há que se ressaltar que, neste caso, a mediação não pode ser considerada comunitária tão somente por envolver quatro famílias de um mesmo condomínio. Uma vez adotado o conceito talhado nesta obra de mediação comunitária, como a demanda não foi captada *na* própria comunidade e a equipe de mediadores designada foi a de técnicos e não de Agentes Comunitários, a mediação foi *para* a comunidade, mas não foi feita *na* e *pela* comunidade.

Em segundo lugar, o fato de uma das famílias já ter cumprido a transação penal com o Ministério Público colocou a situação de ambas as famílias em posição de desigualdade de condições: de um lado do processo, uma das famílias insistia na sua inocência, desejando prová-la por meio do processo judicial; de outro, a família religiosa cujos membros já haviam prestado serviço à comunidade entendiam que já haviam sido "punidos" pelo episódio.[290]

Em terceiro lugar, os inúmeros focos de conflitos entre as famílias ensejaram diversas outras ações judiciais — cíveis e criminais — cuja tramitação não foi suspensa por força do processo de mediação iniciado, o que dificulta que haja um espaço para o diálogo efetivamente livre de qualquer pressão ou coação.

Por fim, é importante reconhecer que, muito embora o encaminhamento da juíza para a mediação tenha tido o caráter voluntário, não se pode afirmar que o atendimento das partes ao convite realizado pelas mediadoras resultou de uma opção livre de qualquer coação, conforme demanda a mediação.

---

[290] O instituto da transação penal previsto no art. 76 da Lei nº 9.099/95 é considerado uma medida despenalizadora. O denominado autor do fato aceita, se quiser, a condição imposta pelo Ministério Público que pode ser a prestação de serviço à comunidade, mediante o compromisso do não oferecimento e recebimento da denúncia — que marcam o início do processo criminal. Muitas vezes, a interpretação leiga que se faz é a de que, cumpridas as condições da transação, o autor do fato nada deve à justiça porque "já pagou a pena alternativa".

Por outro lado, apesar de todas estas dificuldades, só foi possível desvelar a riqueza das nuanças deste caso por meio da efetiva escuta havida nas sessões de mediação. Por reduzir a disputa ao seu aspecto criminal, o processo judicial jamais revelaria toda a complexidade do conflito existente. Apesar da ocorrência de inúmeras "audiências" — cuja finalidade deveria ser a de ouvir as partes, segundo etimologia do termo — o fato é que as partes não conheciam as perspectivas e os interesses das demais famílias envolvidas no conflito, já que a dinâmica do processo enaltece tão somente as posições rígidas.

Cabe, aqui, então o seguinte questionamento: sem a experiência da mediação, qual a possibilidade de pacificação futura destas famílias após o encerramento de todos os processos judiciais abertos com o conflito? Muito embora tecnicamente tenha havido a adequação de um fato ao tipo penal — o que autoriza o Estado a iniciar um processo criminal — a criminalização desta tensão e as punições previstas são a melhor resposta que o sistema criminal brasileiro pode oferecer? Como pacificar a sociedade se a porta da delegacia de polícia é a única que se encontra irrestritamente aberta para os cidadãos envolvidos em um conflito? Ao ampliar o acesso à justiça e instituir instâncias de conciliação e institutos de despenalização — como a transação penal ou o *sursis* processual — os Juizados Especiais Criminais criados pela Lei nº 9.099/95 colaboram para a pacificação social ou ampliam em excesso as possibilidades de criminalização das condutas sociais conflituosas? Como compatibilizar os rigores da lei no que diz respeito aos prazos de representação da vítima e prescricionais ao necessário incremento da mediação como um meio adequado para enfrentar conflitos de natureza criminal?

Não há, ainda, elementos suficientes a oferecer respostas consistentes para tais questionamentos. A experiência aqui narrada é uma iniciativa a demonstrar que os aspectos positivos da remessa dos casos criminais dos Juizados à mediação podem superar eventuais dificuldades, ainda que esta "adaptação institucional" venha a desconfigurar tecnicamente o processo de mediação. Somente o acúmulo e a análise cuidadosa de outras experiências poderão revelar o acerto ou não desta iniciativa.[291]

---

[291] Vale ressaltar que, para este diálogo, será essencial a troca de experiências com o Programa de Justiça Restaurativa desenvolvido junto aos Tribunais de Justiça do Distrito Federal, São Paulo e Rio Grande do Sul.

6.9.4 Ilustração de alguns casos concretos[292]

Da totalidade de casos registrados no Programa Justiça Comunitária, destacam-se os casos relatados a seguir, pela variedade da natureza das demandas. Ressalta-se especial atenção para o caso das mães de crianças especiais, por meio do qual foi possível exercer todas as atividades do Programa — a educação para os direitos, a mediação comunitária e a animação de redes sociais — em uma única demanda. Os demais casos proporcionam reflexão sobre a ampliação da abordagem do conflito que a mediação pode proporcionar.

Conforme se verá a seguir, os casos submetidos à mediação comunitária contribuíram para a pacificação social e restauração dos vínculos afetivos, sociais ou familiares.

6.9.4.1 O caso do aluguel entre famílias amigas

Uma senhora procurou um Agente Comunitário do Programa Justiça Comunitária relatando que decidiu alugar o imóvel de sua propriedade com o objetivo de aumentar sua renda, para a compra de remédios. O contrato foi celebrado verbalmente com um casal cuja mulher era filha da amiga da locadora. No ajuste, ficou estabelecido que os locatários realizariam pequenos reparos no imóvel, cujo custo seria abatido no valor do aluguel, desde que não ultrapassasse um valor predeterminado.

Antes, porém, da ocupação do imóvel e do término da obra, as despesas realizadas na reforma do imóvel superaram o valor combinado entre as partes e a estética adotada na reforma não agradou a locadora. Além disso, a proprietária soube por um terceiro que a locatária não tem por hábito honrar os seus compromissos financeiros.

Diante destes fatos, a locadora decidiu romper o contrato, mediante a devolução de um determinado valor que considerou justo, muito embora não correspondesse àquele ostentado pelas notas fiscais da reforma apresentados pelos futuros inquilinos.

---

[292] Além destes, outros casos ilustrativos foram registrados no livro institucional *Justiça comunitária*: uma experiência. 2. ed. Brasília: Ministério da Justiça, 2008. Há, ainda, outras demandas ilustradas nos depoimentos colhidos no vídeo disponível no sítio: <http://www.tjdft.jus.br/tribunal/institucional/proj_justica_comunitaria/comunitaria.htm>

Na pré-mediação realizada, os inquilinos rejeitaram a ruptura contratual, destacando as facilidades que a localização do imóvel implicava para o casal. Além disso, esclareceram que o valor que desembolsaram na reforma do imóvel — fruto da venda de suas férias — era superior ao oferecido pela proprietária.

Na sessão conjunta de mediação, o casal reafirmou o interesse na locação, tendo em vista a proximidade do imóvel da escola de sua filha e da boa relação que a família usufruía com toda a vizinhança.

A proprietária — que compareceu à mediação acompanhada de seu ex-marido e de sua filha — reiterou a necessidade de locar o imóvel para complementar sua renda, mas mostrou-se descontente com a maneira pela qual o casal conduziu a reforma, contraindo dívidas sem consultá-la. Além disso, o fato de a imobiliária ter lhe solicitado que fossem feitos novos reparos — eis que a reforma levada a efeito pelo casal não resolveu todos os problemas do imóvel — causou-lhe profundo aborrecimento porque, na sua avaliação, todos os ajustes necessários deveriam ter sido realizados pelos solicitantes.

Apesar da tensão entre os participantes, havia uma compreensão de que todos eram de alguma maneira responsáveis pelo conflito, eis que deveriam ter sido mais cuidadosos quando da celebração do acordo. Os mediandos identificaram que a progressão do problema ocorreu em razão de uma sequência de mal-entendidos e reconheceram que o aluguel traria benefício para ambos os lados: complementaria a renda individual da locadora e propiciaria ao casal uma moradia em local que lhes era favorável. É importante registrar a valiosa participação da filha da proprietária, por sua postura pacificadora.

Nesta primeira sessão conjunta, os mediandos mostraram-se dispostos a encontrar uma solução e a sessão foi encerrada sob o compromisso de os envolvidos refletirem sobre as várias possibilidades de resolução do conflito. Uma nova sessão de mediação foi então agendada.

Durante a segunda sessão, o diálogo estabelecido ensejou a corresponsabilidade na construção de uma solução que fosse satisfatória para ambas as famílias. Os mediandos decidiram manter o contrato de locação e a relação de amizade entre as famílias. O casal comprometeu-se, inclusive, a amparar a locadora, sempre que sua saúde vier a demandar cuidados especiais. Os mediandos ajustaram, ainda, que o valor integralmente gasto com a reforma seria abatido nos alugueres, em doze parcelas, e que os inquilinos assumiriam as demais despesas relativas aos problemas que haviam sido apontados pela imobiliária.

6.9.4.2 O caso do casamento

A solicitante buscou atendimento junto ao Programa Justiça Comunitária porque desejava se casar, mas sua mãe — com quem sempre morou e que é deficiente visual — ameaçava denunciá-la por abandono de incapaz.

O mediador comunitário realizou a pré-mediação com mãe e filha, separadamente, oportunidade em que constatou que o relacionamento entre ambas sempre foi muito tenso. A solicitante já não acreditava ser possível estabelecer qualquer diálogo com sua mãe, razão pela qual procurou o Programa, a fim de formalizar judicialmente a contratação de uma terceira pessoa que cuidasse da genitora, evitando assim eventual responsabilização por abandono de incapaz.

Diante da natureza da demanda, o Programa sugeriu a mediação, a qual foi aceita por ambas as partes. Na pré-mediação, a mãe demonstrou surpresa pelo fato de a filha ter tomado a iniciativa de buscar ajuda de terceiros para a solução do problema, pois era ela, a solicitada, quem sempre ameaçava "denunciar a filha". Informou que recebera orientação de um conhecido para agir dessa maneira e que considerava sua posição correta.

A sessão de mediação foi bastante tensa. Nesta ocasião, a filha pôde expressar os seus sentimentos diante de um histórico de maus tratos físicos e psicológicos praticados pela mãe durante a infância e adolescência da filha e de sua irmã mais velha. Segundo relatou, quando esta última decidiu se casar, há dezenove anos, sofreu agressões por parte da mãe. Após o episódio, a solicitante passou a ser a única pessoa a morar com sua mãe, que, alguns meses após, perdeu totalmente a visão devido a problemas congênitos. Somente então cessaram os maus tratos que a filha alegara ter sofrido por alguns anos.

Durante a sessão de mediação, a filha esclareceu que, apesar da deficiência visual, sua mãe realizava todas as tarefas domésticas com independência, administrando a própria aposentadoria e elaborando o orçamento doméstico. Nesta sessão, embora a filha tenha oferecido várias propostas para amenizar o medo de sua mãe de ser abandonada — construir uma casa no mesmo terreno em que mora a mãe; contratar uma pessoa de confiança para fazer companhia; continuar acompanhando a mãe nas consultas médicas, dentre outras — todas foram recusadas.

Observou-se no decorrer da mediação uma preocupação da mãe em externar sua contrariedade com relação ao comportamento das filhas de uma forma geral e em ressaltar a sua saúde fragilizada. De maneira reiterada, a mãe questionava ao mediador: *"Você é cego"*?, *"Você sabe o que é ser cega há 19 anos"*?, *"Sou cega, doente, hipertensa e diabética"*. A postura da mãe demonstrava muita rigidez e pouca flexibilidade para o diálogo. Diante das opções apresentadas pela solicitante, a solicitada nada propôs, a não ser que a filha não se casasse.

Ao final da sessão de mediação, a filha decidiu que não abandonaria a mãe, eis que se sentia responsável pelo seu bem-estar, mas declarou não mais existir qualquer afeto, tampouco o interesse em buscar uma convivência pacífica entre ambas.

Diante da situação, o Agente Comunitário propôs uma nova sessão, o que não foi aceito pela filha. A mediação foi então concluída sem consenso. A primeira impressão dos mediadores comunitários foi a de que a mediação foi encerrada sem êxito.

Meses após, contudo, a filha entrou em contato com o Agente Comunitário, relatando o impacto que as sessões de mediação haviam proporcionado. O relacionamento havia mudado e mãe e filha passaram a dialogar com respeito. A mãe concordou que a filha construísse sua residência com o marido no mesmo terreno de seu imóvel, ao mesmo tempo em que a filha se comprometeu a permanecer zelando pelas necessidades de sua mãe.

Embora a relação entre ambas permaneça fragilizada, o consenso possível foi resultado do desejo e da disposição das mediandas para aquele momento: ninguém melhor do que ambas para saber ao certo o acordo possível, seus limites e o momento adequado.

6.9.4.3 O caso da vaca

Um solicitante procurou o Programa para solucionar um conflito de vizinhança em uma área rural do Distrito Federal. Segundo relatou, a sua propriedade vinha sendo constantemente invadida por uma vaca pertencente ao dono da chácara vizinha, fato que vinha lhe causando prejuízos financeiros, na medida em que o animal destruía a cerca de arame farpado e a sua plantação de maxixe, financiada com empréstimo bancário. O dono da plantação já havia ajuizado uma ação judicial, mas desistira após a reação negativa do dono da vaca em receber uma intimação das mãos de um oficial de justiça.

Na primeira visita *in loco*, foi realizada a pré-mediação com cada família, oportunidade em que o solicitante expressou sua posição no sentido de que o dono da vaca se desfizesse do animal ou instalasse uma cerca elétrica na divisão das propriedades. O dono da vaca disse que não poderia impedir que o animal se dirigisse ao rio para beber água, cujo acesso era mais fácil pela propriedade vizinha, em determinada época do ano.

Embora a relação entre as famílias estivesse muito desgastada, ambas tinham interesse em resgatar a comunicação, em especial porque chegaram em Brasília como pioneiras na mesma época e mantinham, desde então, um relacionamento de partilha e de solidariedade. Seus filhos, no passado, costumavam brincar juntos no rio, cenário do conflito.

Reveladas as posições e interesses, os mediandos foram convidados a participar da sessão conjunta de mediação, a qual poderia contar com convidados aptos a colaborar para a construção de uma solução pacífica para o conflito.

Na sessão de mediação — que durou aproximadamente três horas e meia — o dono da plantação de maxixe compareceu acompanhado de sua mãe, sua cunhada e dois primos. O dono da vaca, por sua vez, levou consigo dois rapazes que trabalhavam em ambas as chácaras.

Visivelmente emocionado, o dono da plantação de maxixe expressou o desgaste provocado pelas sucessivas rupturas da cerca. O dono da vaca, por seu turno, expôs a sua contrariedade quando recebeu uma intimação da justiça para responder à ação judicial movida pela família do maxixe. Após muito diálogo, o dono da vaca sinalizou com a possibilidade de vender o animal, mas alertou que tal solução não seria definitiva porque o problema estava na localização da cerca que impedia o acesso de qualquer animal à água do rio em determinado período do ano.

Todos os presentes desenharam a geografia do cenário do conflito em um *flip chart*. Este recurso visual foi fundamental para que a solução do conflito surgisse. Um dos convidados sugeriu que uma nova cerca fosse instalada em um local que possibilitasse o acesso dos animais ao rio. Para tanto, o dono da plantação de maxixe concordou em recuar uma pequena faixa de sua propriedade, diante do oferecimento do dono da vaca em fornecer o material para a confecção da nova cerca.

Como os mediadores conduziram o processo de mediação focados no futuro — e não no julgamento do passado — as famílias puderam recuperar a comunicação em uma atmosfera mais amigável. Surgiu, então, uma proposta de que ambas realizassem um mutirão para a construção da nova cerca e uma das convidadas ofereceu seu veículo para o transporte do material. Nesse momento, a mãe de uma das famílias — que até então demonstrava uma postura mais rígida — ofereceu-se para fazer um almoço de celebração do acordo entre as famílias, logo após o mutirão.

6.9.4.4 O caso das mães das crianças especiais

Um agente comunitário foi procurado por uma mãe, moradora de uma cidade do Estado de Goiás, no entorno do Distrito Federal, cujo filho estuda em uma escola para crianças com necessidades especiais, localizada na Ceilândia, Distrito Federal. A mãe relatou que a carteira emitida pelo Governo do Distrito Federal em favor dos acompanhantes de pessoas portadoras de necessidades especiais lhe assegurava a gratuidade no transporte, dentro dos limites do Distrito Federal. Como o transporte utilizado para levar o seu filho diariamente à escola é interestadual, as empresas que operam na região não aceitavam o uso da carteira válida somente no Distrito Federal. Para a solicitante, caso não fosse possível a resolução do problema, não lhe restaria outra opção senão retirar seu filho da escola, diante das dificuldades financeiras em arcar com o custo das passagens.

A primeira providência do agente comunitário foi investigar se haveria outras mães partilhando do mesmo problema, uma vez que essa escola para crianças especiais está localizada em uma região muito próxima do entorno do Distrito Federal. Constatou-se, de fato, que o conflito não se limitava ao âmbito individual, uma vez que, somente na escola em questão, havia aproximadamente oitenta e dois alunos residentes na mesma cidade.

O Agente Comunitário procurou reunir esse grupo de mães, a fim de verificar se o problema afetava a todas. A partir dessa iniciativa, uma rede de mães começou a ser tecida, fato que contribuiu para o processo de *empoderamento* daquele grupo. Neste aspecto, o agente comunitário exerceu a *animação de redes*, na medida em que, a partir de um caso aparentemente individual, mobilizou pessoas para que o problema comum fosse abordado de maneira coletiva. Era necessário, ainda, compreender eventuais direitos envolvidos naquela demanda. Para tanto, a equipe jurídica do Programa realizou uma pesquisa e constatou que a legislação federal não prevê passe livre para acompanhantes de portadores de deficiência, nos transportes interestaduais, ainda que do tipo semiurbano, como era o caso.

Nas diversas reuniões promovidas com as mães, foi possível identificar que a questão do transporte público estava associada a um problema que se desdobrava em dois aspectos. Em primeiro lugar, havia uma tensão diária, entre essas mães e os trabalhadores das empresas de ônibus, causada por uma desconfiança quanto à veracidade das carteiras de passe livre apresentadas pelas mães — estas, sim, de validade nacional, posto que referentes aos portadores de necessidades especiais e não aos seus acompanhantes — uma vez que muitas crianças não aparentavam necessariamente qualquer condição especial. É importante ressaltar, aqui, que, neste grupo há, por exemplo, muitos que sofrem de autismo. Este primeiro aspecto do problema revelava questões de ordem relacional e emocional. Mas também havia a questão financeira que onerava as mães que não tinham o direito à gratuidade, por ausência de previsão legal. Algumas delas estavam prestes a retirar seus filhos da escola em razão da impossibilidade financeira de arcar com os custos diários das passagens.

Nas ocasiões em que as mães foram mobilizadas pelo Programa Justiça Comunitária, houve muitas discussões sobre cidadania de uma forma geral e, em especial, sobre os direitos assegurados aos portadores de necessidades especiais, o que possibilitou o exercício de uma das atividades desempenhadas pelos Agentes Comunitários, com suporte da equipe multidisciplinar e, neste caso específico, em parceria com a Defensoria Pública da União: *a educação para os direitos*.

Após algumas tentativas frustradas de mediação com as empresas, o caso foi retomado, poucos anos depois, no momento em que o Programa e seus Agentes Comunitários encontravam-se habilitados a lidar com um caso de natureza tão complexa, envolvendo múltiplas partes.

Na pré-mediação realizada com os representantes das empresas, foi possível esclarecer os objetivos do Programa Justiça Comunitária e a demanda trazida pelas mães, envolvendo seu duplo aspecto, o relacional e o econômico. Nesta ocasião, inclusive, foi esclarecido às empresas de ônibus que, caso a mediação não resultasse consenso em relação ao aspecto econômico, a demanda seria encaminhada à Defensoria Pública da União para estudo de eventuais medidas judiciais com o objetivo de conferir gratuidade aos acompanhantes de crianças portadoras de necessidades especiais, que não podem se locomover sem o acompanhamento de um responsável. As empresas demonstraram interesse em buscar uma solução pacífica para o conflito e concordaram em participar da mediação.

Em seguida, o Programa realizou a pré-mediação com o grupo de representantes dos trabalhadores das empresas. Nessa oportunidade, os motoristas e cobradores puderam expressar as dificuldades inerentes ao ofício, em especial quando são obrigados a atuar como verdadeiros "fiscais da lei", para assegurar que idosos e portadores de necessidades especiais tenham seus direitos respeitados pelos demais usuários. Os trabalhadores manifestaram também suas dificuldades em aferir a veracidade das carteiras de passe livre apresentadas, em razão de o documento não apresentar a foto do beneficiário e dos inúmeros casos de falsificação. Além disso, afirmaram que, muitas vezes, quando solicitavam o documento da criança para atestar a veracidade da carteirinha, as mães se recusavam a apresentá-lo, o que contribuía para o aumento das tensões. Presente, nesta ocasião, o representante do sindicato, os trabalhadores também manifestaram interesse em participar da mediação.

Assim, a sessão de *mediação comunitária* contou com a presença de três participantes — as mães, as empresas e os seus trabalhadores — uma vez que o mesmo problema afetava a todos. Primeiramente, foi abordado o aspecto de ordem relacional. Nessa ocasião, todos tiveram a oportunidade de expressar aos demais como aquela tensão diária os atingia. Em seguida, a questão econômica veio à tona e os representantes das empresas tiveram a oportunidade de ouvir das mães as dificuldades em assegurar o acesso de suas crianças a bens básicos como educação, saúde e lazer, em razão do preço das passagens a que elas são obrigadas a arcar, na qualidade de acompanhantes.

Ao final da mediação, ambos os aspectos, relacional e econômico, foram objeto de consenso: as empresas afirmaram que aceitariam a apresentação da carteira emitida pelo Governo do Distrito Federal, garantindo, assim, gratuidade aos acompanhantes dos portadores de necessidades especiais, ainda que o transporte por elas operado fosse interestadual. As mães, por seu turno, comprometeram-se a apresentar as carteirinhas de passe livre, acompanhadas da documentação da criança, sempre que solicitado. Os trabalhadores, por sua vez, comprometeram-se a abordar os usuários especiais e seus acompanhantes de maneira mais cuidadosa, colaborando assim para a criação de um ambiente mais favorável à pacificação social. Ao final da sessão, uma comissão foi criada com o objetivo de relatar ao Ministério dos Transportes todas as dificuldades que envolvem o uso passe livre, no dia a dia, com vistas à eventual modificação nas regulamentações administrativas e na própria legislação.

Após a resolução do conflito, que inicialmente foi levado ao Programa por uma única solicitante, a criação dessa rede de mães desdobrou-se em outras iniciativas que colaboraram para a transformação e o empoderamento do grupo. A partir do caso concreto, desenvolveu-se o "Projeto Bordando a Cidadania",[293] pelo qual a mobilização dessas mães — iniciada com um conflito — passou a dar suporte para o desenvolvimento de atividades terapêuticas e de geração de renda. O tempo de espera do término das aulas de seus filhos, antes ocioso, passou a ser destinado ao aprendizado de diversas técnicas de artesanato para a geração de renda[294] e à realização de sessões de terapia comunitária.[295]

---

[293] Conforme já exposto, o PROJETO BORDANDO A CIDADANIA pretende identificar os encontros de artesanato que acontecem diariamente na comunidade para que os Agentes Comunitários que também são artesãos possam levar a esses encontros um "cardápio" de temas afetos à cidadania para escolha dos artesãos. A proposta é que os temas escolhidos sejam discutidos conforme o artesanato vai sendo executado. No caso das mães de crianças especiais, o Projeto foi adaptado às necessidades concretas, antes mesmo de ter sido implementado.

[294] Esta atividade vem contando com a valiosa colaboração do PARANOARTE, um Projeto de geração de renda na comunidade e inserção social vinculado à ONG Movimento Integrado de Saúde Comunitária do DF (Mismec-DF), conforme o sítio do Projeto <http://www.paranoarte.org/>.

[295] A Terapia Comunitária (TC) é um procedimento terapêutico, em grupo, com a finalidade de promover a saúde e a atenção primária em saúde mental. Funciona como fomentadora de cidadania, de rede sociais solidárias e de identidade cultural das comunidades carentes. Por ser um trabalho em grupo atinge um grande número de pessoas, abrangendo diversos contextos familiares, institucionais e sociais. Conforme sítio <http://www.mismecdf.org/>.

Considerações Finais

Diante da crise dos paradigmas da Modernidade, deflagrada após a absorção do pilar da emancipação pela regulação, este livro procurou analisar algumas respostas oferecidas no campo das teorias da justiça. A realidade contemporânea, plural e fragmentada, exige uma concepção de direito que pertença a uma nova constelação paradigmática. No âmbito da realização da justiça, a racionalidade moderna — que celebra a universalidade, a linearidade e a verticalidade — já não se mostra suficiente para lidar com as complexidades que marcam os tempos atuais.

A superação da dicotomia entre liberalismo e comunitarismo, que se mostrou possível à luz da *teoria da pós-modernidade de oposição*, possibilita a reinvenção do direito, integrando-o a um projeto que crie novas articulações com a ética e com a realização de uma justiça participativa e democrática.

Os pressupostos do marco teórico adotado ofereceram caminhos alternativos à realização da justiça sob um novo equilíbrio da tensão entre regulação e emancipação, que penda a favor desta última: o reconhecimento da pluralidade de ordens jurídicas e a retórica dialógica — em oposição ao monopólio estatal do direito e à sua cientificização — e a repolitização do direito, pela substituição da rígida separação Estado-sociedade civil, por outro critério analítico que inclua novas formas de sociabilidade e que veiculem práticas políticas transformadoras.

A análise dos modelos de realização da justiça e a classificação adotada nesta obra possibilitaram a identificação de critérios para diferenciar as práticas que podem vir a integrar um projeto emancipatório, a depender da articulação entre os componentes da retórica, coerção e burocracia.

Sob esta classificação, a jurisdição, como modelo estatal e regulatório, revelou sua dupla face. Em situações nas quais o conflito é violento e a intensidade do desequilíbrio entre as partes impede a promoção do diálogo, a presença estatal, por meio da jurisdição, revela-se um instrumento útil a garantir a coesão social e a preservar a proteção dos direitos. Por outro lado, a cientificização promovida pelo monopólio da jurisdição deve ceder espaço à repolitização do direito, a fim de liberar suas energias emancipatórias, trazendo a resolução dos conflitos para o âmbito da cidadania, nos espaços nos quais os cidadãos constroem suas relações.

Esta repolitização permite a emergência de novas práticas e novos atores sociais capazes de minar os fascismos sociais, que se verificam na esfera não estatal, na medida em que proporcionam a substituição da coerção e da violência pela retórica dialógica. Os conflitos que alimentam a violência se convertem em matéria-prima para a promoção do respeito às diferenças, da solidariedade e do exercício da ética da alteridade.

Foi possível, ainda, demonstrar que a mediação, como um dos institutos do movimento ADR, oferece potencialmente um padrão emancipatório, na medida em que desafia o sistema oficial, implantando um padrão dialógico, horizontal e participativo. Contudo, após a exposição dos tipos de mediação possíveis e da fixação dos critérios que definem a sua classificação, algumas práticas de resolução de conflito — ainda que alternativas ao sistema jurisdicional — não se revelaram suficientes para a formulação de uma proposta de mediação comunitária voltada para a emancipação, posto que também permeadas por elementos regulatórios.

Assim, na esfera não estatal, em uma área intermediária entre regulação e emancipação, identificamos alguns movimentos que, diante da ausência do Estado, buscam estabelecer um mínimo de coesão social, por meio da criação de métodos alternativos de disputas que oscilam entre mecanismos mais ou menos regulatórios, a depender da articulação entre os componentes da coerção e da retórica. Como exemplo, a experiência americana dos colonos e imigrantes, os quais buscaram preservar suas identidades sociais, de forma autônoma; contudo, em razão da utilização de um padrão extraído da autoridade religiosa, a retórica predominantemente utilizada foi do tipo persuasivo, dividindo espaço com a coerção.

No âmbito estatal, intercalada entre o espaço regulatório e emancipatório, verificou-se a emergência de experiências de resolução de conflitos conduzidas por agentes atrelados ao sistema jurisdicional. Trata-se do modelo aqui denominado *de agência*, cujo enfoque é voltado à satisfação das partes, e à celeridade da prestação jurisdicional e, por vezes, ao *empoderamento*, mas sob uma perspectiva individual.

A análise crítica destes modelos e dos pressupostos necessários para a criação de uma alternativa emancipatória possibilitou uma síntese dos traços da justiça comunitária proposta neste livro.

A partir de um novo olhar sobre o conflito, restaurando seu potencial transformador, a retórica dialógica funde-se à linguagem da mediação comunitária, criando novos saberes, não mais identificados com o colonialismo, mas com a solidariedade. Esta transição, que resgata o senso comum sob a ética da alteridade, tece novas redes sociais nas esferas próximas da vida — a comunidade, o espaço doméstico e a cidadania. A participação do Estado neste processo, como novíssimo movimento social, contribui para potencializar a transformação das relações de poder exatamente nos espaços em que os conflitos emergem. E, aqui, esta cadeia circular se reinicia, gerando novos diálogos.

Por fim, a experiência do Programa Justiça Comunitária do Distrito Federal revelou que é possível promover, na prática, o alargamento do conceito de justiça, reduzindo as tensões sociais e construindo redes de solidariedade a partir da articulação de projetos comuns com os movimentos sociais e da criação de meios autônomos de resolução de conflitos.

Muito embora a experiência descrita tenha sido concebida por iniciativa de um ente estatal — o Tribunal de Justiça do Distrito Federal e Territórios — o modelo desenvolvido é comunitário porque, além de contar com membros da comunidade como seus principais operadores, é exatamente na esfera comunitária, onde a vida acontece, que se estabelece o *locus* preferencial de atuação do Programa. Em poucas palavras, é a justiça realizada *pela*, *para* e *na* comunidade.

O caráter emancipatório de um projeto não se define pela natureza da entidade que o implantou, mas pelos princípios com os quais opera. Portanto, não há qualquer razão na assertiva que confere legitimidade exclusivamente aos programas de justiça comunitária levados a efeito por entes não estatais. Se há prevalência da dialógica em detrimento da retórica persuasiva, da coerção e da burocracia verticalizada; se o saber local é respeitado como parte do processo de aprendizagem; se o conflito é transformado em oportunidade de empoderamento individual e social; e se as atividades são voltadas para transformar tensão social em possibilidades de criação de solidariedade e paz social, a justiça é do tipo comunitária e, como tal, ostenta vocação para a prática transformadora.

Por fim, há que se esclarecer que embora a justiça comunitária seja, por vezes, classificada como instrumento "alternativo" de resolução de conflitos, o modelo ilustrado nesta obra não pretende afirmar-se em substituição ao sistema judicial oficial. Ao contrário, o pressuposto adotado é o de que a jurisdição revela-se um instrumento apto a proteger direitos e garantir a realização da justiça, em especial nas situações extremas em que as circunstâncias dos conflitos repousam na violência e na ausência do diálogo e, ainda, diante de um acentuado descompasso de poder — seja econômico, social ou político — entre as partes em conflito.

Nesse sentido, a justiça comunitária deve ser interpretada em sua complementaridade em relação ao sistema oficial. Por outro lado, considerando a sua vocação de promover a paz e coesão social nas esferas da comunidade onde os conflitos havidos, em geral, não são levados ao Poder Judiciário, a justiça comunitária constitui importante instrumento de realização da justiça, apto a integrar um projeto emancipatório que redimensione o direito, articulando-o sob uma nova relação entre ética e justiça.

A justiça comunitária como parte da realização dos Direitos Humanos encontra um enorme desafio a ser enfrentado. Trata-se do confronto entre os princípios de igualdade, representados pela cidadania e os princípios da diversidade que preserva as identidades culturais. Para tanto, há que se promover sociabilidades que encontrem uma base comum de inclusão e pertença. Nas palavras de Sousa Santos, "a solidariedade como forma de conhecimento é o reconhecimento do outro como igual, sempre que a diferença lhe acarrete inferioridade, e como diferente, sempre que a igualdade lhe ponha em risco a identidade".[296]

---

[296] SOUSA SANTOS. *A crítica da razão indolente*: contra o desperdício da experiência, p. 246.

Referências

ABEL, Richard L. Conservative Conflict and the Reproduction of Capitalism: The Role of Informal Justice. *International Journal of the Sociology of Law*, n. 92, p. 245-267, 1981.

ADLER, Peter. Is ADR a Social Movement? *Negotiation Journal*, n. 3, p. 59-71, 1987.

ADLER, Peter; LOVAAS, Karen; MILNER, Neal. The Ideologies of Mediation: the Movement's Own Story. *Law and Policy*, n. 10, p. 317-339, 1988.

AGUIAR, Roberto. *Os filhos da flecha do tempo*: pertinência e rupturas. Brasília: Letraviva, 2000.

AGUIAR, Roberto. Procurando superar o ontem: um direito para hoje e amanhã. *Notícia do Direito Brasileiro*: nova série, Brasília, n. 9, 2002.

AMAYA, Edgar Ardila. Claves para el estudo de las políticas en justicia comunitária. *In*: *Variaciones sobre La Justicia Comunitária*. El Outro Derecho 30, Bogotá: Instituto Latinoamericano de Servicios Legales Alternativos–ILSA, 2003.

ARAUJO PINTO, Cristiano Paixão. Arqueologia de uma distinção: o público e o privado na experiência histórica do direito. *In*: OLIVEIRA PEREIRA, Claudia Fernanda (Org.). *O novo direito administrativo*. Belo Horizonte: Forum, 2003.

ARAUJO PINTO, Cristiano Paixão. Autonomia universitária e civilização: dimensões do debate atual. *In*: ARAUJO PINTO, Cristiano Paixão (Org.). *Redefinindo a relação entre o professor e a universidade*: emprego público nas Instituições Federais de Ensino?. Brasília: Faculdade de Direito/CESPE, 2002. (Coleção "O que se pensa na colina", v. 1).

AUERBACH, Jerold S. *Justice without Law?*. UK: Oxford University, 1983.

BASKIN, Deborah R. Community Mediation and the Public/Private Problem. *Social Justice*, n. 15, p. 98-115, 1988.

BOBBIO, Norberto. *Thomas Hobbes*. Tradução de Carlos Nelson Coutinho. Rio de Janeiro: Campus, 1991.

BONAFÉ-SCHMITT, Jean Pierre. Alternatives to Judicial Model. *In*: WRIGHT, Martin; GALAWAY, Burt (Ed.). *Mediation and Criminal Justice, Victims, Offenders and Community*. London: 1989..

BRONOWSKI, J.; MAZLISCH, Bruce. *A tradição intelectual do Ocidente*. Tradução de Joaquim João Braga Coelho Rosa. Lisboa: Edições 70, 1988.

BUSH, Robert A. Baruch; FOLGER, Joseph P. *The Promise of Mediation*: Responding to Conflict Through Empowerment and Recognition. San Francisco: Jossey-Bass, 1994.

CAMPBELL, Tom. *Justice*. 2nd ed. New York: St. Martin's Press, 2001.

CARVALHO NETTO, Menelick de. A hermenêutica constitucional sob o paradigma do Estado democrático de direito. *Notícia do Direito Brasileiro*: nova série, Brasília, 2. sem. 1998.

CASTELLS, Manuel. *O poder da identidade*. Rio de Janeiro: Paz e Terra, 1999. (A era da informação: economia, sociedade e cultura, 2).

CITTADINO, Gisele. *Pluralismo, direito e justiça distributiva*: elementos da filosofia constitucional contemporânea. Rio de Janeiro: Lumen Juris, 2000.

COBB, Sara. Empowerment and Mediation: a Narrative Perspective. *Negotiation Journal*, n. 9, p. 245-259, July 1993.

CURTY, Ana Luisa. A ética nos dá o sentido. In: ÁVILA, Célia M. (Coord.). *Gestão de projetos sociais*. São Paulo: AAPCS, 2000.

DAVIS, Albie M.; SALEM, Richard A. Dealing with Power Imbalances in the Mediation of Interpersonal Disputes. *Mediation Quarterly*, n. 6, p. 17-26, 1984.

DAVIS, C.; SILVA, M.A.S.S.; ESPÓSITO, Y. Papel e valor das interações sociais em sala de aula. *Cadernos de Pesquisa*, 71, 1989.

FEITOSA, Sonia Couto Souza. Método Paulo Freire. Parte da dissertação de mestrado defendida na FE-USP (1999) intitulada *Método Paulo Freire: princípios e práticas de uma concepção popular de educação*. Disponível em: <www.undime.org.br/htdocs/download.php?form=.doc&id=34>. Acesso em: 14 maio 2009.

FITZPATRICK, Peter. The Impossibility of Popular Justice. *Social and Legal Studies*, n. 1, p. 199-216, 1992.

FOLBERG, J.; TAYLOR, A. *Mediation*: a Comprehensive Guide to Resolving Conflicts without Litigation. San Francisco: Jossey-Bass, 1984.

FOLEY, Gláucia Falsarella. *Justiça comunitária*: uma experiência. 2. ed. Brasília: Ministério da Justiça, 2008.

FRANCO JÚNIOR, Hilário. *A Idade Média*: nascimento do Ocidente. São Paulo: Brasiliense, 1986.

FRANCO, Augusto de. *Ação local*: a nova política da contemporaneidade. Brasília: Ágora, 1995.

FRANCO, Augusto de. *Capital social*. Brasília: Instituto de Política; Millennium, 2001.

GADOTTI, Moacir. *Paulo Freire*: a prática à altura do sonho. Disponível em: <http://www.antroposmoderno.com/textos/freire.shtml>. Acesso em: 14 maio 2009.

GALANTER, Marc. A justiça não se encontra apenas nas decisões dos tribunais. *In*: HESPANHA, António (Org.). *Justiça e litigiosidade*: história e prospectiva. Lisboa: Calouste Gulbekian, 1993.

GARRETT, Robert D. Mediation in Native America. *Dispute Resolution Journal*, p. 40, mar. 1994.

GOMMA, André Azevedo. Perspectivas metodológicas do processo de mediação: apontamentos sobre a autocomposição no direito processual. *In*: GOMMA, André Azevedo. *Estudos em arbitragem, mediação e negociação*. Brasília: Grupos de Pesquisa, 2003.

GUTMANN, Amy; THOMPSON, Dennis. *Democracy and Disagreement*. UK: Harvard University, 1996.

HABERMAS, Jürgen. *Direito e democracia*: entre facticidade e validade. Rio de Janeiro: Tempo Brasileiro, 1997.

HALL, A. Rupert. *A revolução na ciência 1500-1750*. Tradução de Maria Teresa Louro Pérez. Lisboa: Edições 70, 1988.

HELLER, Agnes. *Além da justiça*. Tradução de Savannah Hartmann. Rio de Janeiro: Civilização Brasileira, 1998.

HENRY, John. *A revolução científica e as origens da ciência moderna*. Tradução de Maria Luiza X. de A. Borges. Rio de Janeiro: Jorge Zahar, 1997.

HESPANHA, António (Org.). *Justiça e litigiosidade*: história e prospectiva. Lisboa: Calouste Gulbekian, 1993.

KISIL, Marcos. *Comunidade*: foco de filantropia e investimento social privado. São Paulo: Global, Instituto para o Desenvolvimento Social (IDIS), 2005.

LITTLEJOHN, Stephen W. Book reviews: the Promise of Mediation: Responding to Conflict Through Empowerment and Recognition. by Roberto A. B. Bush and Joseph. P. Folger. *International Journal of Conflict*, p. 101-104, jan. 1995.

LOCKE, John. *Segundo tratado sobre o governo*. Tradução de E. Jacy Monteiro. São Paulo: Abril Cultural, 1978. (Os pensadores).

MACFARLANE, Julie. An alternative to what?. *In*: MACFARLANE, Julie (Ed.). *Rethinking disputes*: the mediation alternative. UK: Cavendish Publishing, 1997.

MARTINHO, Cássio. O projeto das redes: horizontalidade e insubordinação. *Revista Aminoácidos*, Brasília, Agência de Educação para o Desenvolvimento (AED), n. 2, 2002.

MENKEL-MEADOW, Carrie (Ed.). Introduction. *In*: *Mediation*. USA: Georgetown University Law Center, 2001.

MENKEL-MEADOW, Carrie (Ed.). The Trouble with the Adversary Sistem in a Postmodern, Multicultural World. *In*: *Mediation*. USA: Georgetown University Law Center, 2001.

MORIN, Edgar. *Os sete saberes necessários à educação do futuro*. 8. ed. São Paulo: Cortez; Brasília: UNESCO, 2000.

MOUFFE, Chantal. Deliberative Democracy or Agonistic Pluralism?. *Social Research*, n. 66, n. 3, p. 745-758, 1999. Disponível em: <http://www.ihs.ac.at/publications/pol/pw_72.pdf.>. Acesso em: 08 maio 2009.

MOUFFE, Chantal. *O regresso do político*. Lisboa: Gradiva, 1996. (Trajectos)

MULHALL, Stephen; SWIFT, Adam. *Liberals and Communitarians*. 2nd ed. Oxford: Blackwell, 2001.

MUSZKAT, Malvina Ester. *Guia prático de mediação de conflitos em famílias e organizações*. São Paulo: Summus, 2005.

NADER, Laura. Where is dispute resolution today? Where will it be in the year 2000? *Dispute Resolution Forum (National Institute for Dispute Resolution)*. Abr. 1985.

NATÓ, Alejandro Marcelo; QUEREJAZU, Maria Gabriela Rodriguez; CARBAJAL, Liliana Maria. *Mediación comunitária*: conflictos en el escenario social urbano. Buenos Aires: Editorial Universidad, 2006.

NEUMANN, Lycia Tramujas Vasconcellos. *Desenvolvimento comunitário baseado em talentos e recursos locais* – ABCD. São Paulo: Global, Instituto para o Desenvolvimento Social (IDIS), 2004. (Coleção Investimento Social).

NEUMANN, Lycia Tramujas Vasconcellos; NEUMANN, Rogério Arns. *Repensando o investimento social*: a importância do protagonismo comunitário. São Paulo: Global, Instituto para o Desenvolvimento Social (IDIS), 2004. (Coleção Investimento Social).

PAVLICH, George C. *Justice Fragmented*: Mediating Community Disputes under Postmodern Conditions. London: Routledge, 1996.

PEDROSO, João; TRINCÃO, Catarina; DIAS, João Paulo. Percursos da informalização e da desjudicialização – por caminhos da reforma da administração da justiça (análise comparada). Coimbra: Observatório permanente da Justiça Portuguesa, Centro de Estudos Sociais, Faculdade de Economia da Universidade de Coimbra, nov. 2001. Disponível na internet no sítio: <http://opj.ces.uc.pt/portugues/relatorios/relatorio_6.html>. Acesso em: 07 maio 2009.

PUTNAM, Robert D. *Comunidade e democracia*: a experiência da Itália moderna. 4. ed. Rio de Janeiro: Fundação Getúlio Vargas, 2005.

RAWLS, John. *A Theory of Justice*. UK: Oxford University, 1971.

ROMÃO, José Eduardo Elias. *Justiça procedimental*: a prática da mediação na teoria discursiva do direito de Jürgen Habermas. Brasília: Maggiore, 2005.

ROUANET, Sérgio Paulo. *Mal-estar na modernidade*. São Paulo: Companhia das Letras, 1993.

ROUSSEAU, J. J. *O contrato social*. Tradução de Antonio de Pádua Danesi. São Paulo: Martins Fontes, 1989.

SCHWERIN, Edward. *Mediation, Citizen Empowerment and Transformational Politics*. London: Westport Connecticut, 1995.

SHONHOLTZ, Raymond. Justice from Another Perspective: the Ideology and Developmental History of the Community Boards Program. *In*: MERRY, Sally Engle; MILNER, Neal (Ed.). *The Possibility of Popular Justice*: a Case Study of Community Mediation in the United States. USA: University of Michigan Press, 1996.

SHONHOLTZ, Raymond. Neighborhood Justice Systems: Work, Structure, and Guiding Principles. *Mediation Quarterly*, p. 3-30, 1984.

SOUSA JUNIOR, José Geraldo de. *Sociologia jurídica*: condições sociais e possibilidades teóricas. Porto Alegre: Fabris, 2002.

SOUSA SANTOS, Boaventura de. *A crítica da razão indolente*: contra o desperdício da experiência. São Paulo: Cortez, 2000.

SOUSA SANTOS, Boaventura de. *Para uma revolução democrática da justiça*. São Paulo: Cortez, 2007.

SOUSA SANTOS, Boaventura de. Para uma sociologia das ausências e uma sociologia das emergências. *In*: SOUSA SANTOS, Boaventura de (Org.). *Conhecimento prudente para uma vida decente*: 'um discurso sobre as ciências' revisitado. São Paulo: Cortez, 2004.

SOUSA SANTOS, Boaventura de. Reinventar a democracia. *Cadernos Democráticos*. Lisboa: Gradiva, 1998.

SOUSA SANTOS, Boaventura de. *Toward a New Legal Common Sense*. 2nd ed. London: Butterworths LexisNexis, Oct. 2002.

SOUSA SANTOS, Boaventura de; MARQUES, Maria Manuel Leitão; PEDROSO, João; FERREIRA, Pedro Lopes. *Os tribunais nas sociedades contemporâneas*: o caso português. Porto: Afrontamento, 1996.

SOUSA SANTOS, Boaventura de; TRINDADE, João Carlos (Org.). *Conflito e transformação social*: uma paisagem das justiças em Moçambique. Porto: Afrontamento, 2003.

TARNAS, Richard. *A epopéia do pensamento ocidental*. 4. ed. Tradução de Beatriz Sidou. Rio de Janeiro: Bertrand Brasil, 2001.

TOMASIC, Roman. Mediation as an Alternative to Adjudication: Rhetoric and Reality in the Neighborhood Justice Movement. *In*: TOMASIC, R.; FEELEY, M. (Org.). *Neighborhood Justice*: Assessment of an Emerging Idea. New York: Longman, 1982.

VEZZULLA, Juan Carlos. Ser Mediador, Reflexões. *In*: SALES, Lilian de Morais (Org.). *Estudos sobre mediação e arbitragem*. Fortaleza: Universidade de Fortaleza; ABC, 2003.

WALZER, Michael. *Spheres of Justice*: a Defense of Pluralism and Equality. USA: Basic Books, 1983.

WARAT, Luis Alberto. Ecologia, psicanálise e mediação. *In*: WARAT, Luis Alberto. *Em nome do Acordo*: a mediação no direito. 2. ed. Argentina: Almed, 1999.

WARAT, Luis Alberto. *O ofício do mediador*. Florianópolis: Habitus, 2001.

ZAPPAROLLI, Célia Regina. A experiência pacificadora da mediação: uma alternativa contemporânea para a implementação da cidadania e da justiça. *In*: MUSZKAT, Malvina Ester (Org.). *Mediação de conflitos*: pacificando e prevenindo a violência. São Paulo: Summus, 2003.